ちくま新書

ブッダという男
——初期仏典を読みとく

清水俊史
Shimizu Toshifumi

1763

ブッダという男——初期仏典を読みとく【目次】

第三部　ブッダの先駆性

はじめに

今日、全世界に五億人もの信者を擁するともいわれる仏教。この宗教は、ブッダと呼ばれるただ一人の男を出発点としている。そもそもブッダという男は何者であり、何を悟り、何を語ったのであろうか。本書の目的はこれを明らかにすることである。

その考察資料となるのは、言うまでもなく仏典である。だが仏典には、「ブッダが瞬間移動した」などというような、さまざまな神話的記述が存在する。こうした描写はかつては字義通りに受け入れられていたが、近代に入り実証主義的な科学的知識や物の見方が浸透するにつれて、歴史的事実として信じることが次第に困難になっていった。ここにおいて、仏典から歴史を抽出して、かつてこの地上を歩んだブッダの真の姿を明らかにするという新たな課題が浮上する。瞬間移動や空中浮遊などの超常現象が実際に起こったとは信じがたい以上、そのような装飾の背後に見え隠れしている歴史的事実としてのブッダを知りたいと願うのは当然のことだろう。これが仏典の記述を批判的に検討する学問としての仏教学の登場である。以後、およそ一五〇年もの長きにわたり、あまたの学者たちがブッダという男の探求に心血を注ぎ、数えきれないほどの専門書や一般書が刊行されてきた。まさにブッダ研究は、仏教学におけるもっとも重要な主戦場であった。

だが、この試みは、中村元《なかむらはじめ》が仏典から神話的装飾を取り除くことで描き出した〝人間ブッダ〟を一つの到達点とした後、方向性を見失いつつあるようにみえる。現在も、毎年のように十人十色のブッダ像が仏教学者たちによって提示されているが、それらが総合されて新しい研究の潮流が生み出されることもなければ、次の研究の基盤になることもない。そのような停滞期を迎えている。学者たちの多くが、ブッダを研究することにもはや手詰まりを感じていると言えるだろう。

これに対し筆者は、仏典のなかに神話と歴史という二項対立を読み込む従来の研究手法から脱却してこそ、ブッダの歴史的文脈をより豊かに描き出すことが可能であると確信している。ブッダの歴史性を明らかにしようとする際に、最大の障害となっているのは、仏典の神話的装飾でも後代の加筆でもなく、我々の内側にある「ブッダの教えは現代においても有意義であってほしい」という抗いがたい衝動である。結果として、これまでの専門書や一般書の多くが、歴史のブッダを探求しているはずが、彼が二五〇〇年前に生きたインド人であったという事実を疎かにして、現代を生きる理想的人格として復元してしまうという過ちを犯してしまっている。

これを受け、本書の第一部では、これまでの仏教研究の方法論を振り返り、仏教学者たちが語る「歴史のブッダ」と称されるものは、現代に創作された〝新たな神話〟にすぎなかったことを明らかにする。

続く第二部では、現代の専門書や一般書において力説される、「ブッダは戦争や暴力を否定する平和論者であった」とか、「ブッダは男女差別を否定するジェンダー平等を説いた」などの言説を再検討し、初期仏典から読み出されるブッダの実像を再構築する。

そして第三部では、ブッダの教えがそれまでのインドをどのように否定したのかという観点から、ブッダの先駆性を歴史のなかに位置づける。

第一部 ブッダを知る方法

ピプラーワー出土仏舎利骨壺（インド博物館蔵）

第1章　ブッダとは何者だったのか

およそ二五〇〇年前、北インドに「ブッダ」と呼ばれる一人の男が現れた。本名はパーリ語（以下P.）でゴータマ・シッダッタ（サンスクリット語［以下S.］で、ガウタマ・シッダールタ）という。シャカ族の王子として生まれ裕福な生活を送っていたが、このままでは輪廻の苦しみから逃れ得ないことを厭い出家した。そして、さまざまな修行の末、三五歳で悟りを得て「ブッダ」となった。その男の言葉には人を引き寄せる力があり、弟子や支援者が彼の周りに集まった。ブッダの教えに従い、多くの弟子たちが、悟りを得て輪廻を終極させた。その後、四五年にわたる伝道の末、ブッダは八〇歳で入滅した――。

我々がブッダという男に関して持ち得ている確実な情報というのは、ほとんどこれだけである。

実際にはブッダの本名すら直接知り得ない。ゴータマ（S. ガウタマ）という姓は、成立の古い初期仏典のなかにも頻出するが、シッダッタ（S. シッダールタ）という名は出てこない。それでもこれが本名であろうと推認される根拠は、単にこれと異なる本名が伝えられていないことによる。

このように、ブッダについての確実な情報は、非常に限定的である。しかも、初期仏典を通読すれば、ブッダという男の生涯が不完全ながらも一本の線となって見えてくる、というものでもない。初期仏典には相互に矛盾する記述や神話的装飾、後代の加筆が随所に確認される。生涯の事績のみならず、ブッダが何を語ったのかさえも、ほとんど定かではない。たとえば、悟りを得たブッダが初めて臨んだ説法（初転法輪）において、ある資料では無我が説かれたことに、別の資料では四聖諦《ししょうたい》（聖者たちにとっての四つの事実）が説かれたことになっている（前者は『相応部』二二章五九経、後者は『相応部』五六章一一経）。

†「歴史のブッダ」を問い直す

ブッダという男がどのような生涯を送り、何を語ったのか――これを統一的に力強く描き出すことは難しい。そもそも、当初の仏教教団は、ブッダの生涯にほとんど関心を持っていなかった。初期仏典（三蔵）には、ブッダが生前に語った教えが、時系列を無視して収められている。仏伝と呼ばれるブッダの一代記が著されるようになったのは、仏滅から数百年経ってからであり、しかも、その仏伝は、当時の教団にとってさえ文学作品の類として扱われており、聖典としては認められていなかった。

一九世紀以降、宗学ではなく学問としての仏教研究が始まるとともに、多くの学者がブッダの生涯とその教えを歴史問題として扱うようになった。つまり、初期仏典を〝信じる〟のではなく〝批判的〟に考察し、そこから神話的装飾や後代の加筆を削除することで「歴史のブッダ」を復元しようとする試みである。

この「歴史のブッダ」を追い求める研究がその成果として報告した内容は驚くべきものであった。たとえば、ある研究者は「ブッダは輪廻や迷信を否定した」ことを発見した。また別の研究者は「ブッダは男女平等を唱えた」ことを、また別の研究者は「ブッダは一切智者などではなく、経験論者であり不可知論者だった」ことを発見した。

しかし、このような現代人のごときブッダが、二五〇〇年前に本当に実在したのだろうか。そして、古代の仏弟子たちや在家信者たちも、そのようなブッダ像を思い描いていたのであろうか。その答えは否であろう。近代になって始まった「歴史のブッダ」を描き出す試みは、確かに〝批判的〟ではあったが、〝客観的〟であったとは言いがたい。初期仏典は神話的・空想的な記述に満ちあふれていて、現代人にとって現実感に乏しい。しかし、だからといって現代人の価値観を投射した「歴史のブッダ」を描き出すことに、時の試練に打ち勝てるほどの客観性があるとは言えない。

結局のところ、これら「歴史のブッダ」と称されるものは、研究者たちが、単に己が願望を、ブッダという権威に語らせてしまった結果にすぎない。端的に言えば、一九世紀になって初めて誕生した〝新たな神話〟なのである。

†「神話のブッダ」を問い直す

現代人が仏典を手にするとき、「人間が瞬間移動することなどあり得ない」という常識を持ったうえで読む。おそらく本書を手にする人も同じだろう。しかし、仏典のなかでブッダは、瞬間移動の超能力を使うことが可能であると自称している。また、ガンジス川を超能力によって一瞬で渡ったという記述も存在する（『長部』一六経「大般涅槃経《だいはつねはんぎょう》」）。こういった記述に遭遇したとき、我々はどのようにこれを理解すればよいのだろうか。次の二つの選択肢が考えられる。

① 一般人が瞬間移動することなど不可能だが、さすがブッダともなれば瞬間移動の超能力が使えるのだなと信じる。

② さすがにブッダでも瞬間移動など物理的にできるはずがない。これは神話的装飾であって実際に起こった出来事ではないと考える。

おそらく現代人のほとんどは、②の立場をとるだろう。これは当然だ。しかし歴史を振り返ると、①の立場こそ仏教の正統であった。古代や中世の仏教者のほとんどは、ブッダが一切智者であり超能力を使う超人であると真剣に信じていた。古代インドの常識では、すごい人は瞬間移動の超能力くらい使えて当然なのである。この常識を踏まえてか、面白いことに仏教教団では、「たとえ超能力が使えても、在家者たちの前で使ってはいけない」という規則を作る必要があった（律蔵「小品」小犍度部《しょうけんどぶ》）。東南アジアを中心に栄えている上座部仏教において今もいる阿羅漢《あらかん》（悟った人）たちが、ブッダと同じく瞬間移動などの超能力を使えるにもかかわらず、あえて人前で使わない理由は、その規則があるからという建前になっている。

初期仏典は、ブッダの周りで起こった歴史的な事跡を写実的に叙述したものではなく、当時の法観念の下に、篤い信仰心を持った仏弟子たちによって編纂《へんさん》されたものである。そこに現れる「神話のブッダ」は、ほとんど万能の超人であり、すべてお見通しの一切智者である。それどころではない。初期仏典を読み進めれば、ブッダは自らを世界で一番偉い人間であると宣言し、地球は平らであると考え、来世や過去世の実在を当然の前提として受け入れている。

このようなブッダは、現代に生きる我々にとって受け入れがたい。だが、「神話のブッダ」こそが、人々から信仰され大きな影響を与えてきたことは歴史的事実である。真なる意味でブッダを知ろうとするならば、不都合な事実からこそ目を背けてはならない。

ここで重要なことは、現代を生きる我々が仏典を読むとき、「ブッダは瞬間移動することができた」と信じなければならない、ということではない。我々はすでに地球が丸いことを知っている。仏典を読み、地球は平らだと信じることが、現代人にとって仏教を学ぶことではない。

ブッダは、歴史の先駆者であった。それまでのインドを否定し、新たな宇宙を打ち立てた先駆者であった。その先駆性があまりにも鮮烈であったため、ブッダが亡くなると、仏弟子たちはその記憶を「初期仏典」としてまとめ、仏教が生まれた。この先駆性そのものは、たとえ神話的装飾を帯びるものだとしても、歴史的文脈のなかに位置づけることが可能である。本書の目的は、このブッダという男の先駆性を解き明かすことにある。

†これからの「ブッダ」を問い直す

ブッダの先駆性を、我々はどのように知り得るだろうか。

本書においてこの試みは、「ブッダの悟りはどのようにインドを否定したのか」という点から遂行される。ブッダは、自らの生きたその時代を否定し、それに続く歴史を変貌させた。仏教がバラモン教に同化・吸収されることなく独自性を保ち続けたことは、ブッダの悟りが、それまでの世界観を完全に打ち砕くものだったことを雄弁に物語っている。この先駆性は、仏教側の資料だけを検討しても、客観的に評価することはできない。だが、幸いにして我々は、ブッダが生きた時代の、仏教以外の資料――すなわちバラモン教やジャイナ教の聖典――を読むことが可能であり、これらを通して、ブッダの先駆性を歴史的文脈のなかに位置づけることができる。

ただ、ここで一つ注意しておかねばならない。本書は、「ブッダ」の先駆性を歴史のなかに位置づけることを目的とするが、その「ブッダ」とは、先に検討した「歴史のブッダ」でも「神話のブッダ」でもない。この両者の間にある深い溝を埋めることこそが本書のもう一つの目的である。そもそも、古代インドにおいて、歴史と神話を分け隔てるような意識はなかった。このような「ブッダ」は、どのように初期仏典から構築されるのであろうか。

我々が手にすることのできる初期仏典（三蔵）は、仏滅後に仏弟子たちが集まって編纂されたという体《てい》になっている。しかし、諸部派が伝持している初期仏典を比較すると、おおよそについては一致するが、細部にはかなりの違いがあることが明らかになっている。つまり、現行の形になるまで、実際には仏滅後から数百年かけて、それぞれの部派の地域ごとで編纂されてきたことは確実である。あくまで本書で「ブッダ」と表現する男は、二五〇〇年前に生きた人間そのものではなく、初期仏典に記されたブッダであり、仏弟子たちが共有していたイメージに近い。

また、本書では、初期仏典を検討するとき、異本や写本断片などの異同を細部まで調べて、最も古い読みを探し、それを仏教の源流に結びつけるといった方法論をとらない。むしろ、部派を超えて一致している箇所こそが仏教にとって重要であり、伝承も古くまで遡れるという仮説に基づいて考察を進める。そして、用いる初期仏典は、スリランカを中心に栄えた上座部仏教が伝持してきた三蔵（経蔵・律蔵・論蔵）が中心となる。近年では、インド＝アーリア語で書かれた初期仏典の写本断片が数多く発表されているものの、上座部仏教が伝持してきた三蔵がおおよそにおいて古い読みを示すことに変わりはない（ゴンブリッチ『ブッダが考えたこと』サンガ、二〇一八）。

そして、初期仏典の韻文と散文を分けて考え、韻文から散文に思想の展開がみられるという資料論もとらない。詳細は第4章で論じるが、このような方法論は、かえって主観を投影する根拠になりかねない。中村元など我が国の学者がこのような方法論を用いて「歴史のブッダ」を論じてきた。しかし、ドゥ・ヨングや櫻部《さくらべ》建《はじめ》によって指摘されているように、そして初期仏典自身が証言しているように、韻文の多くは仏教やジャイナ教など沙門宗教の間で共有されていたものであり、仏教そのものの思想を訊ねるのに必ずしもふさわしくない（沙門宗教とは、ヴェーダ聖典に依拠するバラモン教の伝統を否定する宗派の修行者たちの総称であり、そのなかで仏教とジャイナ教だけが現代まで残っている。詳細については第8章と第9章を参照）。これを裏づけるように、当初の仏教教団は、『スッタニパータ』や『ダンマパダ』など特に古いとされる韻文資料の聖典性を認めていなかった。なお三蔵の概説、ならびに韻文と散文については、第2章において詳述するだろう。

第2章　初期仏典をどう読むか

ブッダの生涯とその教えを訊ね、その先駆性を歴史のなかに位置づけるためには、初期仏典（三蔵）がその考察材料となる。第2章では、この初期仏典の概要と、それをどのように読むべきかについて検討していきたい。

†初期仏典とは何か

ブッダを知ろうとするならば、「三蔵」と呼ばれる資料を検討する必要がある。この三蔵というのは、仏滅後に、残された弟子たちがブッダの教えが散逸しないようにまとめ上げたものである。三蔵は師から弟子へと口承されていくものであり、この伝統は今も続いている。というのも、現在では書物としても刊行されているが、それは三蔵にとって副次的な役割しか果たしていない。あくまで三蔵の聖典性は、人々によって記憶・実践・暗誦されているものにこそある。この事情は、イスラム教が奉じるクルアーンの正典性の本質はその内容にあるのであって、書物という媒体（ムスハフ）にあるわけではない点に比されよう。

さて、三蔵は、律蔵・経蔵・論蔵という三つから構成される。本書が考察対象とする上座部に伝わる三蔵を例にとってその構成を説明していこう。

このうち、律蔵は、出家教団の生活規則や罰則規定を収載したものである。ただし、それだけではなく、ブッダが悟りを得てから伝道の旅に出て、弟子を得て出家僧団が成立し、さらにビンビサーラ王など有力な在家信者の庇護を得るまでの仏伝なども、このなかに含まれている。これはブッダの生涯を知るうえで重要な資料となる。

次に経蔵は、ブッダやその弟子らによる教えを収載したものである。さらにこの経蔵のなかには、長い経典を収めた『長部』、分量が中くらいの経典を収めた『中部』、短めの経典をテーマごとに収めた『相応部』、一から十一までの数にちなんだ経典を収めた『増支部』の四部と、種々雑多な経典（おもに韻文）を集めた「小部」とのあわせて五つがある。この「小部」には、『スッタニパータ』や『ダンマパダ』など古い仏典とともに、『義釈』や『アパダーナ』など四部より新しい仏典も含まれる。

最後に論蔵には、経蔵に説かれている種々の教えを分析・体系化したものが収載されている。

この三蔵は、建前としては、仏滅後に五〇〇人の高弟たちが集まり成立したことになっている。しかし、これは伝説であって歴史的事実ではない。というのも仏滅から一〇〇年ほどして仏教教団は二つに分裂し、最終的には一八もしくは二〇もの部派に分かれたと記録されているが、それぞれの部派が独自の三蔵を保持していた。とりわけ論蔵の構成や内容は、部派ごとにまったく異なるものであり、分裂前に統一的なコンセンサスがあったとは考えられない。だが、経蔵や律蔵は、部派間で大まかな点で一致している。この一致している箇所については、部派分裂の以前以後も仏教内でコンセンサスのあった可能性が高いといえよう。

以上の成立事情を受け、以降、本書が「初期仏典」という場合には、律蔵と、経蔵の『長部』『中部』『相応部』『増支部』の四つと、「小部」のうち成立が古いと目される韻文資料とを指し、さらにその「初期仏典」のなかでも部派を超えて確認できる記述を中心に「ブッダ」を再構築していく（表1）。しかし、どのようにこの初期仏典を読めば、ブッダという男を克明に描けるのだろうか。

律蔵	経蔵			論蔵
	四部	小部		
❶経分別《きようふんべつ》	❹長部《ちようぶ》	❽ダンマパダ*	⑮クッダカパータ	㉓法集論《ほうしゆうろん》
❷犍度部《けんどぶ》	❺中部《ちゆうぶ》	❾ウダーナ*	⑯アパダーナ*	㉔分別論《ふんべつろん》
・大品	❻相応部《そうおうぶ》	❿イティヴッタカ*	⑰ブッダヴァンサ*	㉕界論《かいろん》
・小品	❼増支部《ぞうしぶ》	⓫スッタニパータ*	⑱チャリヤーピタカ*	㉖人施設論《にんせせつろん》
❸附随《ふずい》		⓬長老偈《ちようろうげ》*	⑲天宮事《てんぐうじ》*	㉗論事《ろんじ》
		⓭長老尼偈《ちようろうにげ》*	⑳餓鬼事《がきじ》*	㉘双論《そうろん》
		⓮ジャータカ*	㉑義釈《ぎしやく》	㉙発趣論《はつしゆろん》
			㉒無礙解道《むげげどう》	

❶から⓮までとその関連資料を、本書では「初期仏典」と位置づける。
「*」は韻文資料であることを指す。

表1　上座部に伝承される三蔵の構成

†批判的に読むということ

初期仏典を通して「ブッダ」を復元することは単純な作業にみえるが、実践するのは難しい。本書では上座部という特定の一部派に伝わる初期仏典を中心に検討を進めるが、そのなかにさえ無数の矛盾が含まれている。このような〝つまずき〟に遭遇したとき、どのように解決すべきであろうか。まずはそれを考えてみよう。

たとえば、初期仏典では、ブッダが悟りを得てから初めて唱えた言葉として次の二つの資料が残されていて、統一見解がとれていない。

①　熱心に瞑想するバラモン（＝ブッダ）にとって、実に諸存在が詳らかになるとき、〔すべての〕存

在には原因があると了知するがゆえに、彼には一切の疑惑が消滅する。

（律蔵「大品」）

② 家（輪廻する身心の隠喩）の作者（渇望の隠喩）を探し求め、〔私は〕無数の生涯にわたり輪廻を無益に流浪した。繰り返し生まれることは苦しみである。家の作者よ、汝は〔一切智者となった私に〕見られた。〔汝が〕再び家を作ることはないだろう。汝の梁（煩悩の隠喩）はすべて折られ、家の屋根（無知の隠喩）は壊された。心は為作《いさ》を離れており、諸々の渇愛の滅尽に到達した。

（『ダンマパダ』一五三・一五四偈《げ》）

第一の詩の意味は、ブッダが菩提樹の下で縁起（すべての現象の生滅には原因が必ずあるということ）を覚知し、その結果、煩悩が断たれたということである。そして、第二の詩の意味は、輪廻する心身（家）を生み出す根源は渇望（家の作者）であるが、一切智者となったブッダには、輪廻する身心（家）を構築する煩悩（梁）や無知（屋根）が破壊されており、再び輪廻しようとする渇望（家の作者）もないというのである。この二つの詩のうち、はたして、どちらの言葉をブッダは悟りを得た後に唱えたのであろうか。おそらく、現代の読者の多くは批判的に仏典を読み、「齟齬《そご》をきたしている以上、どちらかが事実ではない、もしくはともに事実ではない可能性がある」と考えることになるだろう。

しかし、このような批判的読解は、二〇世紀になって初めて主流となった読み方である。それ以前の仏教者たちは、仏典を批判的にではなく、調和的に読むことが常であった。「仏典は正しいに決まっている」という先入観が批判的読解を困難にしており、驚くべきことに「仏典に間違いがある」という発想そのものがなかった。仏典に書かれていない事態を想定してでも、矛盾が起こらないように解釈することが彼らの使命であった。

たとえば、スリランカの注釈家ブッダゴーサ（五世紀）は、先の齟齬を受けても、両伝承の真正性に疑義を抱くことはなく、「ブッダは、悟り得たあとに①の言葉を心で唱え、続いて発語して②の言葉を唱えた」というように調和させている。もちろんこの解釈が歴史的に正しいことを裏づける根拠は一つもない。

資料に説かれていない事態を想定してまで齟齬を調和させるような読解には、間違ったブッダ像を構想してしまう恐れがあることは言うまでもない。だが、このような読解は、現代の我々もついつい犯してしまいがちである。

たとえば、ブッダが「一切のものは自己でない」と恒常不変の自己（アートマン）の存在を否定する無我説を唱えたことはよく知られている。だがその一方で、「自己をたずね求めよ」とか「自己を愛せ」とまるで自己が存在するかのように説いている資料もある。この矛盾する記述を受け、一部の仏教学者は、「形而上学」や「経験論」などといった仏典にはない用語を持ち出して、「ブッダは経験論者の立場から形而上学的な自己を否定したが、完成された真実の自己の存在を認めていた」などと主張し、仏典の矛盾を調和させている。つまり、仏典で「一切のものは自己ではない」（無我説）とその存在が否定されている〝自己〟とは形而上学的な自己のことを意味しているが、「自己をたずね求めよ」とその存在が認められている〝自己〟とは真実の自己を意味しているので、両文は齟齬を起こすことなく調和的に読めるというのである。

しかし、これは間違った調和のさせ方であり、調和させるならば、初期仏典のなかにある言葉をもって調和させるべきである。初期仏典のなかでブッダは、自己原理（アートマン）を連想させる表現は、世間の習わしに従って用いているにすぎないと述べている。つまり、ブッダが「自己を愛せ」などと表現する場合の〝自己〟とは、世間の習わしに従っているだけで、恒常不変の自己原理が想定されているわけではない。この「無我説」については第11章において詳しく解説するだろう。

†先入観なく読むということ

古代や中世に生きた仏教者たちには、仏典を批判的に読もうとする精神が希薄だった。仏典は暗唱されるべきものであった。さらに、仏典の読み方や意味の取り方は注釈書において厳格に定義され、それに異議を唱えることは禁忌であった。

一方、現代に生きる我々には、仏典を批判的に読み、伝統的な読解法を否定して、そこから新たな真意を見いだす自由が許されている。むしろ、そのような読解こそが推奨されている。しかし、そうであっても、批判的に仏典を読むことはきわめて困難な作業である。先入観を持たず虚心坦懐に読もうと心がけても、知らず知らずのうちに自らの願いをテキストのなかに読み込んでしまう。

この典型例が、「天上天下唯我独尊」という誕生偈をどのように理解するかである。ブッダが生まれたときに呟いたとされるこの言葉は、文字通り受け取れば、「この世で自分こそが尊い」という意味であり、現代的な価値観からすれば傲慢もいいところである。人権意識や平等観念が高まった現在において、「唯我独尊」を文字通りに受け入れることは、ブッダの権威を失墜させることにつながる。

そこで、ある人は、この誕生偈を「唯だ、我、独《ひと》りとして尊し」と読み込み、「すべての存在は尊く、かけがえのない命を与えられている」という内容こそがもともとあった本当の意味であると解釈した。しかし、これは仏教というものをまったく誤解している。漢訳に対応するパーリ語原典を確認しても、文字通りこれは「私は世間で最も優れた者である」という意味でしかない（『長部』一四経「大譬喩経」、『中部』一二三経「希有未曾有経」）。

そもそも、仏典のなかでブッダが、「私より優れた人がいる」「私と同等の人がいる」などと自らを卑下することはあり得ない。事実に基づかない卑下は、慢という煩悩が起こすものである。ブッダはすべての煩悩を断じている以上、経典の編纂者がブッダに心にもないお世辞を吐かせることは原理的に不可能である。実は、ブッダが自画自賛することは、最も客観的な評価なのである。事実、ブッダは初期仏典のなかで自画自賛を繰り返している（『長部』三経「アンバッタ経」など）。

だが、ある人は次のように考えるかもしれない。曰く、「ブッダが傲慢であるはずがない。このような傲慢ともとれる一文は、おそらく仏滅後にブッダを神格化させた経典編纂者たちの創作に違いない」と。かかる思考法は、仏典から神話的記述を取り除き、歴史的事実としての人間ブッダを導き出そうとする研究のなかで頻繁に見られる。だが、これらの研究はいずれも、仏典に説かれていない事態を想定してでも、現代的な価値観に合致した人間ブッダを構想してしまうという一種の神格化を犯してしまっている。

初期仏典を素直に読み、歴史的文脈を考慮するならば、ブッダが「この世で自分こそが尊い」と宣言することは当然なのである。

†傲慢なブッダ、謙遜するブッダ

ここで、逆に考えてみてほしい。神格化されていないブッダを追い求めるのであれば、現代的な価値観からしてブッダは傲慢であってもよいのではないだろうか。むしろ「ブッダは自分が一番偉いと公言して憚《はばか》らない、現代からすれば傲慢な人間だった」と結論づけるほうが、仏典の言葉とも合致しており、よほど批判的で客観的ではないだろうか。にもかかわらず、このような主張は管見の限り見当たらない。

なぜか。

その理由は単純である。つまり、仏教に関心のある読み手は、ブッダに対する敬愛の念があるために、極端な批判的読解を知らず知らずのうちに避けてしまっているからである。

有史以来、ブッダほど人類に大きな影響を与えた人物は稀有であり、キリスト教のイエスや、イスラム教のムハンマドに並ぶ。仏教に関心のある者ならば、どうしてもブッダの人となりについて「自分にとって有意義であるに違いない」と意識的・無意識的を問わず善意の解釈をしてしまう。

だが、ブッダを現代的な水準で善人にしてしまうことは、歴史的文脈を見失う恐れがある。たとえば、手塚治虫の漫画『ブッダ』(一三巻、講談社)において、五〇年もの間、動物と同じ生活をしていた苦行者ナラダッタが歿《ぼっ》したとき、ブッダが「私など とうていおよばぬ りっぱなかただった」と称賛するシーンがある。しかし、初期仏典において、動物と同じ生活をする苦行は、ブッダによって無益なものとして斥けられている(『中部』五七経「犬行者経」)。したがって、ブッダが謙遜し苦行者を称賛するというのは、たとえ現代的な価値観からすれば感動の物語であったとしても、初期仏典の文脈から外れる。

はるか昔の常識と、現代の常識は、まったく違うという点に留意しなければならない。たとえば、聖書の神が、「ソドム市民を同性愛の罪で殺戮《さつりく》したり、ヨシュアに命じてカナンの地で老若男女問わず虐殺したりしたのは間違いでした。いかなる殺人であれ、それを悪業と戒めるブッダさんの教えのほうが人道的で立派です」などと謙遜するだろうか。そんなことはあり得ない。それと同じように、ブッダも、「一応、自分は悟りましたが、三五歳の若輩ですし、人間としてまだまだ半人前です。ヤハウェ（聖書の神）さんには敵いませんよ」などと言うはずがない。古代において信仰の対象になるということは、それくらい絶対性と超越性があるものなのである。

しかし、これと同時に、現代的な価値観に基づいて、あえて悪意の解釈をする必要もない。ブッダが「自分が一番偉い」と宣言することは、当時の歴史的・教理的文脈からすれば当然のことであり、それは傲慢では決してないのである。

このように、初期仏典を編纂された当時の文脈から読み解こうとすれば、傲慢なブッダも、謙遜するブッダも存在し得ない。本当の意味で「歴史のブッダ」に迫り、その先駆性を描き出すためには、先入観を打ち払い批判的に仏典と向き合わなければならない。

†韻文優先説と人間ブッダ

二五〇〇年前に生きたブッダという男を知ろうとするならば、可能な限り古い仏典を考察する必要があることは当然である。それならば、初期仏典のなかでも成立の古い資料を用いてブッダを研究するほうがよいのではないか――こう考えるのは当然であり、これには一定の妥当性があるように思える。だが仏教の場合、話はそう単純ではない。

初期仏典のなかでは、散文よりも韻文のほうが概して古い。中村元はこの韻文資料を用いて、神格化される前の〝人間ブッダ〟を描き出した。この方法論を極端なまでに先鋭化させたのは並川孝儀《なみかわたかよし》であり、韻文資料のなかでも最も古い『スッタニパータ』だけを用いて、業と輪廻を信じない〝啓蒙主義者ブッダ〟を描き出した。

このような、散文よりも韻文を優先させる「韻文優先説」に基づいたブッダ研究は、今もなお人気であるが、次の二つの根本的な問題を抱えている。

第一に、韻文資料においても、ブッダはすでに神格化されているという点である。したがって、そこから現代人の感性に基づいて神話的装飾を削除して、人間ブッダや啓蒙主義者ブッダを構想することは、歴史上、一度も存在しなかったブッダを創作する活動に他ならない。これについてはすでに述べた通りである。

第二に、当初の仏教教団において、韻文資料は仏法を歪める恐れのあるものと評価されており、聖典（三蔵）としての権威が認められていなかったという点である。古代の仏教徒たちが権威を認めていなかった資料を主材料にしてブッダを構築することは、歴史の先駆者としての意義を問ううえで妥当とは言えない。次の初期仏典の一節は、仏教教団において韻文資料がどのように認識されていたのか知るうえで有益である。

そこで世尊（ブッダ）は、その時に次の感興の言葉を唱えた。

「無病は最高の利得である。涅槃は最高の安楽である。

そして不死へ至る道のなかで、八支〔ある聖者たちの道〕は安穏である」と。

このように説かれたとき、マーガンディヤ遍歴行者は、世尊に次のように言った。

「……。友、ゴータマよ、遍歴行者である昔の師と師の師たちが「無病は最高の利得である。涅槃は最高の安楽である」と話していたことを、私は聞いたことがあります。友、ゴータマよ、それとこれは一致しています」と。

（『中部』七五経「マーガンディヤ経」）

すなわち、ブッダが説いた詩と同じものが、異教の遍歴行者の間でも唱えられていたという。これに対するブッダの回答は次のようなものである。

「これは過去にいたブッダたちによって説かれた詩です。……〔しかし〕これは、今では徐々に異教徒たちの詩になっています」

（『中部』七五経「マーガンディヤ経」）

このブッダの回答は、仏教の永遠回帰的な宇宙観が前提になっている。我々がよく知る二五〇〇年前に現れたゴータマ・ブッダ以前にも、六人のブッダ（過去仏という）が現れており、これら計七人のブッダはいずれもまったく同じ教えを説いたと理解されている。真理は時間を超えた普遍的なものであるから、過去から現在に至るまでに現れたブッダたちが、逐語的に同じ教えを説くというのは、仏教からすれば当然なのである。つまり本経の主張は、過去にいたブッダたちの説いた教えが失われずに断片的に残って異教徒たちの間に語り継がれており、それをゴータマ・ブッダが正しい意味に復元してみせたということである。

もちろん、これは仏教の神話的理解であるが、ここから次の歴史的事実を——すなわち、仏教教団が「外教の持つ教説のなかにも、仏教のものと同じ詩が含まれている」と認識していたという事実を読み出すことができる。これは大変興味深い記述である。というのも、『スッタニパータ』や『ダンマパダ』などの韻文資料に含まれる詩について、ジャイナ教聖典などの沙門文学（苦行者文学）のなかに多くの並行句が確認されることが報告されているからである。つまり、先ほどの仏典に説かれている、仏教と外教との詩が一致しているという記述は、現実にあった状況を反映している。したがって、仏典の編纂者たちは、ジャイナ教などの沙門宗教と共通の基盤を持ち、多くの詩を共有していたことを自覚していた。このような事情から、当初の仏教教団において、韻文資料は傍系のものと見なされ、聖典（三蔵）として認められていなかったのだと考えられる。

以上の二つの問題点を踏まえるならば、仏教のエッセンスは、韻文資料ではなく、散文資料にこそ求められることになる。近年では、このような理解をもとに、韻文資料を切り捨て、散文資料によってのみ初期仏教を描こうとした概説書も現れている。しかし、韻文資料も部派を超えて教団内に伝承され最終的に初期仏典（三蔵）としての権威が認められた事実は重んじられるべきである。そこで本書においては、散文資料と韻文資料の両方を用いながら、ブッダの先駆性を歴史のなかに位置づけていく。

第二部 ブッダを疑う

涅槃像（メトロポリタン美術館蔵）

第3章　ブッダは平和主義者だったのか

　ブッダの先駆性とは何だったのか。二五〇〇年前、ブッダの思想はインドをどう変えたのか。これまでも多くの概説書や研究書のなかで、ブッダが説いた教えが、いかに歴史を先取りした素晴らしいものであったかが力説されてきた。

　たとえば、ある研究者の発見によれば、ブッダは平和主義者であり、慈悲と非殺生を説き、いかなる暴力をも許さなかったという。別の研究者の発見によれば、カースト制度の根づくインドにあって、ブッダは現在における行為のみを重視し、生まれによる差別を認めない平等主義者であったという。また、別の研究者によれば、ブッダの教えには、男女差別の激しいインドにあってジェンダー平等を説くという画期性があったという。

　しかし、そのようなブッダへの評価は、本当に正当なものなのであろうか。仮に正当なものであったとして、本当にそれらはブッダの先駆性だったのだろうか。第二部では、これまでのブッダ像に疑義を提示していきたい。まず、第3章では、ブッダは平和主義者だったのかどうかを検討する。

†「善なる殺人」は肯定されるのか

仏教は慈悲の教えである——そう多くの仏教者が口を揃えて言う。だが、長い歴史の中で、仏教が殺生や戦争を何らかの形で許容してきたことは事実である。仏滅から五〇〇年ほどしてから成立した大乗経典には、「慈悲の殺人は功徳を生む」といった記述さえ説かれるようになる。そして、それを根拠にして、アジア・太平洋戦争において日本の仏教教団は、「空」や「一殺多生」などの教理を援用しつつ暴力や戦争を肯定し、戦時体制を翼賛し続けた。

一方、初期仏典において、殺人は一貫して悪業であり、最も忌むべき行為として説かれている。そして、その初期仏典を法源とする上座部仏教においては、大乗経典の場合とは異なり、「慈悲による殺人は不可能」と考えられている。つまり、善なる殺人はあり得ない。にもかかわらず、歴史を振り返ると、古代や中世のスリランカや、現代のミャンマーにおいて、上座部仏教は戦争を肯定し協力してきた。初期仏典においてブッダが禁じているにもかかわらず、どうしてスリランカやミャンマーの上座部仏教は、暴力や戦争を肯定できるのであろうか。それは次の二つの理論が組み合わさっている。

① 徳の少ない者や非仏教徒の殺害は、悪業ではあるが重大なものにはならない。
② 仏教教団に布施するなどの善業を積めば、その悪業の報いを打ち消すことが可能である。

この考えが明瞭に確認できるのは、スリランカの歴史書『大王統史』二五章に残されているドゥッタガーマニー・アバヤ王（前二世紀）の事績である。アバヤ王はタミル人を駆逐しスリランカを初めて統一した王であるが、その後、戦争で多くの殺戮を繰り返したことを悔やみ、仏教僧団の長老たちに次のように相談したという。

【アバヤ王】「尊師らよ、一体どうしたら私に安らぎがあるでしょうか。私は数多の大軍の殺戮をなしました」と。

【長老】「貴方のその業によって〔生〕天への道に障害となるものは〔何も〕ありませ

ん。人々の王よ、これについて、ただ一人半だけが殺戮されました。一人は帰依に住する者、他〔の一人〕は五戒にも〔住する〕者です。そして残りの者たちは邪見を抱き、悪戒を持ち、獣に等しいと考えられます。また、貴方は様々な方法でブッダの教えを輝かせるでしょう。人々の王よ、ですから貴方は心の憂慮を取り除きなさい」と。

（『大王統史』二五章一〇八―一一一偈）

アバヤ王が殺《あや》めた「一人半」とは、仏教に帰依し五戒（殺生・盗み・邪な性行為・虚言・飲酒の五つを慎むこと）を守っている信者と、帰依はしているが五戒を保っていない者（こちらが半人と計上）である。要は、日頃の振る舞いの良い仏教信者でなければ命の価値は「一人」として数えられないのである。そして、邪教への信仰を抱き悪しき行動をとるタミル人たちは獣に等しいのでいくら殺しても「人殺し」として計上されず、その後の善業を積めば憂慮する心配はないと説かれている。

命の価値に貴賤を設けるこのような考え方は、古代において珍しいものではない。インドの社会規範を記した『マヌ法典』では、四階級（カースト制度）の最下層である隷民の命は最上位の司祭階級と比べて一六分の一の猫や犬と同程度の価値しかないので、仮に殺めてしまっても容易に罪を除去できると記されている（一一章一二七節、同一三一節）。カースト制度を批判する仏教においては、確かに階級に基づく命の貴賤は認められないが、仏教への信仰心を持つ者よりも、仏教に敵対する異教徒たちの命は価値が低いと理解されていたのである。

事実、アバヤ王は、仏教教団に多額の布施をするなどの善業を積んだおかげで、死後に地獄へ堕ちることを回避し、無事に天界に昇ったと記されている。

> このように、善を最上として福徳をなし、多くの決定的ではない悪を覆い隠す者は、自宅へ〔帰る〕ように、天上へ赴く。ゆえに知恵ある者は、福徳に絶えず喜ぶ者になるべきである。
>
> （『大王統史』三二章八四偈）

ここでの「決定的ではない悪」とは何か、後代の注釈書は次のように説明する。

「決定的ではない悪」とは、①決定的な邪見と、②無間罪とを除いて、〔いかなる悪も〕来世に報いを与えると決定していないので、〔ここでは〕「決定的ではない特性を持つ悪」という意味である。

（『大王統史注』三二章八四偈）

つまり、来世に地獄に堕ちることが避けられない悪というのは、①決定的な邪見（＝仏道から外れる極端な見解を持つこと）と、②無間罪（＝父・母・悟った人を殺すこと、僧団を分裂させること、ブッダの体から出血させること）の二つだけである。それ以外の悪ならば、たとえ一〇〇万人を殺めようとも、善業さえ積めば地獄堕ちを回避できる可能性がある——これが上座部仏教の解釈である。

このアバヤ王のくだりは、現代にも大きな影響力を与えている。二〇一六年から二〇一七年にかけてミャンマーでロヒンギャ族（イスラム教徒）の虐殺が起きた。このとき、ミャンマー仏教のティータグー僧正は、先の『大王統史』を引用し、一連のミャンマー側によるロヒンギャ掃討戦を擁護する説法を行った。たとえ古典の一節であっても、それは単なる紙上の空談で終わるものではなく、現代における殺人肯定（もしくは聖戦）の根拠として今も力を持っている（中西嘉宏《なかにしよしひろ》『ロヒンギャ危機――「民族浄化」の真相』中公新書、二〇二一）。

さて、続いて問題となるのは、以上のような殺人肯定（もしくは聖戦）の解釈が、はたしてブッダの精神に適うものなのだろうか、ということである。

†暴力や戦争はどのように否定されるのか

歴史を振り返ると、仏教は何らかの形で暴力を容認してきた。この事実は揺らがない。しかし、仏教の暴力容認は「後代の解釈」にすぎないのであって、あくまでブッダは徹底した平和主義者であったという主張がなされる場合も多い。すなわち、シュミットハウゼンや正木晃《まさきあきら》などによれば、ブッダ自身はいかなる暴力をも否定していたのに、時代の変化とともに社会や政治との結びつきが強くなりその性格を変えていった結果、暴力や戦争を容認するようになった、というのである。馬場紀寿《ばばのりひさ》も、初期仏典においては「美徳による世界統一が説かれても、戦による外敵の殺害は決して正当化されない」と述べている。

しかし、そのような単純なブッダ像は決して成立しない。

実際に初期仏典を読めば明白であるが、ブッダが現代的な水準で生命を尊貴し、戦争に反対していたと読み取ることはまったくできない。むしろブッダが平和論者であるかのような言説こそが、現代的な価値観に基づいて初期仏典を解釈してしまった結果なのである。

確かにブッダは殺生を禁じている。だが、たとえば弟子のアングリマーラは、大量殺人鬼であったにもかかわらず出家が許され、しかも世俗的な刑罰を受けることなく悟りを得ている（アングリマーラについては後述する）。

また、初期仏典に残されるブッダの言行を考察しても、戦争の無益さを説く教えはあっても、王に対して戦争そのものを止めようとした教えはない。コーサラ国のヴィドゥーダバ王がシャカ族の首都カピラバストゥを攻め滅ぼそうとしたとき、ブッダは、仏弟子から「鉄籠をカピラバストゥ城の上に被せましょう」と提案されたが、それを斥け「過去の業縁が熟し、その報いを受けてシャカ族は滅びるだろう」と述べて放任している（『増一阿含』二六巻三四章二経）。

†征服を助言するブッダ

さらにブッダが征服行為に助言してしまう初期仏典もある。マガダ国のアジャータサットゥ王が、ヴァッジ族を攻め滅ぼすつもりであると奏上したところ、ブッダは「ヴァッジ族が団結している限り衰退はない」と述べる。これを聞いたアジャータサットゥ王は、ヴァッジ族に対して戦争ではなく先に外交策や離間計を用いることを決意する。下田正弘が指摘している通り、ブッダは戦争を非難したり止めたりすることなく、むしろ効率的に征服するための助言を与えてしまっている（「初期仏教における暴力の問題」『東アジア仏教―その成立と展開』春秋社、二〇〇二）。

このように言われ、〔アジャータサットゥ王より使者として遣わされた〕マガダ国の大臣ヴァッサカーラ・バラモンは、世尊に次のように言った。

【大臣】「友、ゴータマよ、どれか一つでも不衰退法を具えていれば、ヴァッジ族には繁栄のみが期待され、衰退はありません。いわんや七つの不衰退法を〔具えているの〕であれば、論を俟ちません。友、ゴータマよ、〔世尊の仰る通り、〕マガダ国王にしてヴェーデーヒー妃の子であるアジャータサットゥは、ヴァッジ族に対して、外交や離間計なしに、戦争をもって対処するべきではありません。それでは、友、ゴータマよ、そろそろ私どもはおいとまさせていただきます。私たちには多くの仕事、多くのなすべきことがありますので」と。

（『長部』一六経「大般涅槃経」）

ブッダが戦争を非難し止めなかった理由は、そもそも古代インドにおいて、国を支配し武器を持ち戦うことは武士階級に課せられた神聖な生き方（S. dharma）として認められていたからである。確かに、ある初期仏典のうちには、はるか昔の伝説として、武力によらず四方を征服・統治するダラネーミ転輪王という理想的君主が語られている。だが、それでもダラネーミ転輪王は軍団を率い近隣諸国を威圧して服従させており、征服戦争そのものが否定されているわけではない（『長部』二六経「転輪王経」）。

ところで、なぜブッダはアジャータサットゥ王に対して、効率よくヴァッジ族を征服できる方法を助言してしまったのであろうか。この疑問に対する後代の注釈（五世紀）は興味深い。

「離間計なしに」とは、「離間計を除いて」〔の意味〕である。これによって仲違いを計り、彼らを捕らえることができるだろう、と示している。バラモン（マガダ国の大臣）は、世尊の話からこの策略を思いついて語った。**【問】**ところで、世尊はバラモンがこの話によって〔離間計の〕策略を思いつくことを知っていたのであろうか。
【答】その通り、ご存知であった。
【問】ご存知でありながら、どうして語られたのか。【答】憐れみゆえにである。伝え聞くに、かの〔世尊に〕次のような思いが生じたそうである。「私が話さなければ、〔アジャータサットゥ王は〕数日のうちに出陣し、〔ヴァッジ族の〕全員を捕らえてしまうだろう。だが話せば、和合を破壊する者（アジャータサットゥ王）は、三年かけて捕らえることになるだろう。これだけでも生き延びればよい。これだけ生き延びれば、自己の足場となる福徳をなすだろう」と。

（『長部注』）

ブッダの助言は憐れみゆえに出たものであり、征服を先延ばしにすることによってヴァッジ族の者たちに福徳を積む猶予を与えるためであるという。ここでのブッダの憐れみは、初期仏典においてもその解釈においても、アジャータサットゥ王に対して戦争をやめさせる方向には働いていないことに注意してほしい。あくまでヴァッジ族は攻め滅ぼされることが前提になっているのである。これとよく似た話が、別の初期仏典にも残っていることはすでに述べた通りである（『増一阿含』二六巻三四章二経）。

以上のように、初期仏典において、戦争の無益さが説かれることはあっても、戦争そのものが否定されることはない。起こるべき定めの戦争は避けられないものとして理解されている。この背景には、インドにおいて、①武士階級が征服戦争を起こすことは彼らに課せられた神聖な生き方であると認められていたこと、②業報輪廻の世界において戦争の惨禍は避けられないものと信じられていたこと、の二点があると考えられる。

以上の記述を素直に受け取るならば、ブッダが、現代的な意味で「暴力や戦争を否定した」わけではないことは明白である。

†ブッダの生命観

ここで、「仏教は不殺生を説いている以上、殺生や戦争を許容するはずがない」と主張する人が現れるかもしれない。しかし、それは正しい仏教理解から外れる。不殺生とは「殺さない」と誓うことで備わる善の力のことであり、不殺生の状態を常に維持することが在家信者の必要条件なのではない。出家修行者は、出家する際に二五〇もの誓い事を立てるが、些細な違反であれば誓いを破っても出家修行者のままでいられるのと同様である。

仏教の在家信者は、不殺生など誓いを仏教教団に立てるが、その誓いを破ったとしても在家信者のままでいられる。そうでなければ、漁師や狩人など殺生を生業とする人々は在家信者になれなくなる。このように、不殺生と殺生は相矛盾しながらも両立するのである。

それでは、ブッダの生命観とはどのようなものだったのか。結論的には、後代の上座部仏教の「解釈」のそれときわめて近似しており、次の四つの原理が背景にある。

① 殺生は悪業であり、それが善業であることはあり得ない。

② 五つの無間業（父・母・悟った人を殺すこと、僧団を分裂させること、ブッダの体から出血させること）を犯すと、来世の地獄堕ちが不可逆的に確定する。

③ ゆえに、この五無間業以外の悪業ならば、たとえ幾万もの人を殺めても、本人の努力次第では、その報いを受けずに済む。

④ 逆に、この五無間業を犯してしまうと、その後いくら努力しても、来世の地獄堕ちを回避できない。

このような結論は、人によっては受け入れがたいかもしれない。だが、二五〇〇年前に生きたブッダは現代人ではない。

インドに根づいていた「悪業を犯せば、来世で苦しみの報いを受ける」という業（カルマ）の公理を、ブッダも受け入れている。ゆえに、ある人が不条理に苦しみ死んだとしても、それはその人が過去世で犯した悪業が原因なのであるから、究極的には自己責任である。

そもそも戦争や飢饉、疫病などで次々と命が失われていた当時からすれば、天寿を全うできず理不尽に生命が失われたとしても、現代ほどの衝撃はなかったであろう。

業報輪廻の世界観のなかにブッダも生きていた。以上の理解が妥当であることを示す初期仏典は複数存在する。そこで以降では、そのなかでも殺人鬼アングリマーラと、父殺しの大王アジャータサットゥという際立った二人の事例を検討しながら、ブッダの生命観がどのようなものであったのかについて深掘りしていこう。

†殺人鬼アングリマーラ

初期仏典のなかには、学力優秀で品行方正な弟子たちばかりが登場するわけではない。アングリマーラという名の男は、かつて大量殺人鬼であったが、ブッダから出家を許され、修行に励んで悟りを得たという。アングリマーラが「悟りを得た」ということは、今の生涯が最後であり、もはや解脱しており輪廻を繰り返すことはない。

ここで問題となるのは、アングリマーラの犯した悪業の報いが、どのような扱いになるのかである。「ここまでの極悪人ならば、悟ることなどできないのではないか」、「悪業を清算せずに輪廻を終極させることはできるのだろうか」といった疑問が、現代だけでなく、古代・中世の仏教者たちの間からも沸き上がっていた。この疑問への回答は、初期仏典のなかでブッダ自身によって果たされている。曰く、その大量殺人の悪業は、本来ならば地獄で何千年も煮られるという報いを受けるはずであったが、アングリマーラが努力して悟りを得たため、現世で「大けが」を受ける程度で済んだ、というのである。

ときに、尊者アングリマーラが午前中に内衣をまとい、鉢と衣を携え、サーヴァッティに托鉢に入った。

その時、誰かによって投げつけられた土塊が尊者アングリマーラの体に当たった。また、別の誰かによって投げつけられた棒が尊者アングリマーラの体に当たった。また、別の誰かによって投げつけられた小石が尊者アングリマーラの体に当たった。

そこで、尊者アングリマーラは、頭が裂け、血が流れ出て、鉢が割れ、破れた大衣のままで、世尊のもとへ行った。世尊は、尊者アングリマーラが遠くからやって来るのを見た。見て、尊者アングリマーラに次のように言った。

「バラモン（アングリマーラのこと）よ、あなたは耐えなさい。バラモンよ、あなたは耐えなさい。バラモンよ、それによって数年、数百年、数千年ものあいだ地獄で煮られたであろうその業の報いを、あなたはまさに現世で受けているのです」

（『中部』八六経「アングリマーラ経」）


このように、たとえ大量殺人を犯したとしても、その悪業は悟りへの障害になるほど重大なものにはならない。この背景には、先ほども述べたように、来世の地獄堕ちが確定するのは五無間業だけであり、それ以外の悪業ならば、たとえ幾万もの人を殺めたとしても、本人の努力次第では、その報いを受けずに（あるいは軽く受ける程度で）済むという生命観が横たわっている。

ブッダは犠牲者たちを憐れんだか

さらに、この「アングリマーラ経」は、ブッダの慈悲についても興味深い示唆を与える。慈悲とは、人々に利益と安楽を与え、不利益と苦しみを除去しようとすることである。中村元によれば、「慈悲は仏教そのものであり、仏は慈悲によってわれわれ凡夫を救うものである」という。

それでは「アングリマーラ経」において、ブッダの慈悲はどのように示されているのか。それは、大量殺人鬼であるアングリマーラの出家を許したという場面で用いられる。

実に憐れみ深く、大仙人であり、神々を含め世間の師であるブッダは、その時、彼に「来なさい、出家修行者よ」と言った。このことこそが、彼（アングリマーラ）にとって出家修行者になることであった。

（『中部』八六経「アングリマーラ経」）

一方、ブッダは、無辜《むこ》の犠牲者たちに憐憫の情を一切起こしていない。ブッダが慈悲深いのであれば、そもそもアングリマーラの被害者たちを救うべきではなかったのだろうか。

しかし、そのような記述はまったくない。

あくまで「アングリマーラ経」におけるブッダの慈悲は、極悪人でも出家させたことにこそ向けられている。そして本経の狙いが、大量殺人を犯した極悪人でも出家して修行すれば悟りが得られるという、仏法の偉大さを宣揚する点にあることも忘れてはならない。悟りを得たアングリマーラ自身が、次のように語っている。

かつてなされた悪業が善によって遮られた者は、この世間を照らす。あたかも雲から離れた月のように。

（『中部』八六経「アングリマーラ経」）

加害者が被害者親族にかけた言葉

大量殺人を犯しながらも出家が許されたアングリマーラ。そんな彼が、悟りを得た後に、被害者の親族らに向けた言葉が残されている。

私を怨む者たちは法話を聞け。私を怨む者たちはブッダの教えに努めよ。私を怨む者

写真1　アングリマーラの悔悛（栗田功『ガンダーラ美術Ⅰ　仏伝』より）

たちは法を会得させる静かなる人々に親近せよ。

私を怨む者たちは、忍辱を説く人々や、調和を称賛する人々の教えを適切な時に聴け。そしてそれを遵奉せよ。

私を決して害さず、さらに他の何者をも〔害さなければ、その者は〕最高の寂静を獲得し、動・不動の者たちを護るだろう。

（『中部』八六経「アングリマーラ経」）


アングリマーラは、自身に怨みを募らせる被害者遺族に、怨みを捨てて復讐を放棄し、仏道修行に励むように薦めている。現代的な価値観に照らし合わせれば、驚くべき厚顔無恥さである。このように大量殺人の悪業は悟りへの障害にはならず、解脱したアングリマーラは被害者遺族に「我慢が大事」と教えを垂れるほど偉大な修行者として描かれている。「一人の命は地球よりも重い」とされる現代とは異なる次元の生命観が、初期仏典には貫かれているのである。

†父殺しの王アジャータサットゥ

続いて、マガダ国王のアジャータサットゥを考察する。伝承によれば、アジャータサットゥは、父ビンビサーラ王を謀殺して王位についた後、征服戦争を繰り返し、マガダ国を一大強国に押し上げた。それと同時にアジャータサットゥ王は、仏教の熱心な信者でもあり、ブッダの傍らで教えを聴き、仏滅の際には葬儀や仏塔建立に尽力する有力な外護者となった。

したがって、アジャータサットゥ王は、戦争や謀略で多くの人々を殺め悪業を積んでいると同時に、仏教に帰依し多くの福徳を積んでいる。このアジャータサットゥ王の事例を通して、仏教における生命観とはどのようなものであったのかを検討していこう。

ブッダに懺悔した内容

ある初期仏典には、アジャータサットゥ王は仏教に帰依するとともに、父王を殺害したことを懺悔し、ブッダはそれを受け入れるというくだりがある。

【アジャータサットゥ王】「尊師よ、私は愚かなまま、愚昧のまま、不善のままに罪を犯しました。この私は、法にかなった法王である父を、権力〔簒奪〕のために殺めてしまいました。尊師よ、世尊は、未来における防護のために、その私の罪を罪としてお受け入れ下さい」と。

【ブッダ】「大王よ、確かにあなたは愚かなまま、愚昧のまま、不善のままに法にかなった法王である父を殺めるという罪を犯しました。ですが大王よ、あなたは罪を罪として認め、法に従って懺悔しました。ゆえに我々は、それ〔懺悔〕を受け入れます。なぜなら、大王よ、罪を罪として認め、法に従って懺悔して、未来において防護するということこそが、聖者の律における繁栄だからです」と。

(『長部』二経「沙門果経」)

ここで重要な点は、アジャータサットゥ王の懺悔があくまでも父殺しに対してのみ向けられ、自身が起こした(そして、今後起こすであろう)征服戦争での犠牲者には向けられていないことである。

この理由は、すでに「暴力や戦争はどのように否定されるのか」の項で述べたように、古代インドにおいて征服戦争は、武士階級である神聖な生き方として認められたからである。ブッダも、征服戦争そのものを否定することはなく、武士階級の生き方としてそれを黙認していた。

ある意味、戦争で幾千幾万を殺めることよりも、父王を謀殺したことのほうが、アジャータサットゥ王にとっては重大な問題なのである。

父殺しの来世

アジャータサットゥ王は父殺しの罪をブッダに告白し、在家信者になることができた。だがブッダは次のように語る。

さて、世尊は、マガダ国王にしてヴェーデーヒー妃の子であるアジャータサットゥが退席するや、すぐに托鉢修行者たちに告げた。

「托鉢修行者らよ、かの王は根こそぎにされています。托鉢修行者たちよ、かの王は破壊されています。托鉢修行者たちよ、もしかの王が法にかなった法王たる父の命を奪っていなければ、まさにこの座で、塵を離れ、無垢なる法眼が生じていたでしょう」と。

（『長部』二経「沙門果経」）

「塵を離れ、無垢なる法眼が生じていた」という聞きなれない表現が出てくるが、これは、煩悩を断ち、聖なる悟りの道に入ることを意味している。すなわち、アジャータサットゥ王は、父殺しの五無間業を犯しているため、これからどれだけ善業を積んでも来世の地獄堕ちが不可逆的に確定している。それゆえに、現世で悟りを得ることは不可能だというのである。

大量殺人鬼であっても五無間業を犯さなかったゆえに悟りを得ることができたアングリマーラと、ブッダから教えを聴くなどさまざまな善業を積んでも五無間業を犯したがゆえに悟りを得られなかったアジャータサットゥ王は、興味深い対照をなしている。これは矛盾ではない。そのような厳密な業理論のうえに、仏教の生命観や倫理観が構築されている証である。

†解釈としての平和主義

これまでに我々は、初期仏典を検討しながら、ブッダが現代的な意味での平和主義者ではなかったことを明らかにした。「大量殺人を犯しても、善業を積めば地獄堕ちを回避できる」、「親殺しなど五無間業を犯すと、どんな善業を積んでも来世の地獄堕ちが不可逆的に確定する」といった記述は、ブッダの生命観や倫理観が、悪業・善業によって来世が決定するという業（カルマ）の法観念によって基礎づけされていることを証明している。ブッダの慈悲が殺戮の犠牲者たちに向けられることはない。現世での理不尽な死は、過去世に犯した悪業の報いなのである。

このような結論に多くの読者は納得できず、場合によっては不快感を覚えるかもしれない。しかし、現代人に耳あたりの良い教えを説くことが、ブッダの仕事では決してない。もちろんブッダは、殺生や戦争を積極的に是認したわけではなく、不殺生の重要性を説き、戦争の無益さを随所で語っている。しかし現代の価値観からすれば、ブッダは生命の尊貴を重んじているとは言いがたい。ブッダが平和主義者であるというような言説は、あくまで解釈の結果であることを自覚しなければならない。

歴史を振り返っても、人命の価値というものは二転三転し、都合よくブッダの言葉は解釈されてきた。

アジア・太平洋戦争に突入する前、浄土宗の指導的立場にあった椎尾弁匡《しいおべんきょう》という高僧は、「仏教の根本主義は、極端なる戦争主義であり、戦争主張者であります」と声高に叫び、ヒトラーを英雄と讃えて、「猶太《ユダヤ》民族思想というものを人類から取除いてしまうということは日本に課せられて居る」とホロコーストに共鳴し、「随所に兵を動かし、幾百万の生命をさえ殺して行くことが肯定されるのである」と戦争を推し進めた。

しかし、その同じ椎尾弁匡が、戦後になると、「過去の戦時中はめちゃめちゃであります。共生きと反対の共殺しの戦争でありますから、これはめちゃめちゃであります」と発言し、さらに「共生を中心としての社会というものを、戦争によってつぶされてしまった」と嘆いてみせ、まるで自分が戦前から一貫した平和主義者であるかのように装った（『文化の権威』隆文館図書、一九二〇、『精神総動員と国民融和』中央融和事業協会、一九三八、「国の行くべき道」『時局と日本精神』昭徳会京都支部、一九三九、『椎尾弁匡選集』一〇巻、山喜房仏書林、一九七三）。

初期仏典に説かれるブッダの言葉を総括するならば、「侵略戦争を積極的に肯定している」という言説も、「ブッダは平和主義者である」という言説も、ともに極端な解釈であることがわかる。

第4章　ブッダは業と輪廻を否定したのか

†神話を事実である「かのやうに」捉える

明治四五年（一九一二）一月の『中央公論』に掲載された森鷗外の小説「かのやうに」は、今でも宗教を学ぼうとする者に強い印象を与える。主人公の五条秀麿は、大学でサンスクリット語（古代インドの言語）を学び、「カニシカ王と仏典結集」という卒業論文を書き終えると、大学卒業後はドイツに留学し、そこでさまざまな学問を吸収した。

かねてから五条秀麿は、生涯の事業として国史を書くことを企てていたが、批判的学問の洗礼を受けた後では、「神話と歴史とを一つにして考えていることは出来まい」と、神話と歴史の対立性に悩む。『古事記』『日本書紀』の天地開闢《かいびゃく》や天孫降臨の物語を神話として位置づけ、それに歴史性を認めないことは、信仰につまずきを与え、万世一系の国体を否定することに繋《つな》がりかねないからである。結局、主人公の五条秀麿は、神話が歴史的事実ではないと認めながらも、神話を事実である「かのやうに」(Als Ob)捉えることでこの問題を乗り越えようとする。

以上の「かのやうに」で描かれる主人公の苦悩は、決して小説のなかだけの出来事ではなく、東西を問わず、当時の宗教や歴史を考究する者たちの多くが抱いていた共通の課題であった。たとえば、一九世紀のドイツ自由主義神学者であるダーフィト・シュトラウス(一八〇八―一八七四)は、福音書に説かれる「奇蹟」を歴史ではなく神話として捉え、その神話が形成されていった起源を訊ねるという手法(神話論的解釈)を提唱した。このような手法が導き出された背景には、「近現代的な科学知識のもとでは、もはや福音書の記述すべてが歴史的事実であるとは信じられない」という切実な問題が横たわっている。

これと同じ動きは、明治期以降の日本仏教においても確認される。初期仏典から神話的記述を取り除き、そこから歴史のブッダを抽出しようとする試みである。そのなかでも、最大の焦点となったのは、業と輪廻の記述をどのように解決するかである。

近現代的な科学知識からすれば、「過去世の業が現在の我々の境遇を生み出し、今の我々の善悪の行いが来世に地獄や天界での再生をもたらす」と信じることはきわめて困難である。かかる状況を受け、明治以降の多くの仏教者たちが、業と輪廻の思想をブッダもしくは仏教から外そうと試みてきた。

だが、これは不思議な試みである。古代に生きたブッダという男が、近現代人と同じ価値観であるはずがない。しかも、初期仏典は、業と輪廻の世界観を受け入れたうえで編纂されている。にもかかわらず、幾人かの仏教学者たちが、初期仏典の研究を通して「ブッダは輪廻を認めていなかった可能性が高い」などと主張し、現代人ブッダを発見するに至った。さらに、ここで奇妙なのは、彼ら仏教学者たちは、主観的な信仰告白としてではなく、客観的な学術研究として現代人ブッダを発見したと主張している点である。仮にこの主張が歴史的事実ならば、二〇〇〇年以上も、仏教はブッダを誤解してきたことになる。

本章では、ブッダが本当に業と輪廻の存在を否定していたのかどうかを見ていく。

†無我と縁起

バラモン宗教では輪廻を貫く恒常不変の自己（我＝アートマン）を想定するが、仏教は無我説を唱え、そのような自己原理の実在性を否定した。そのため、無我を唱えている以上、ブッダは輪廻という現象そのものの存在に否定的だったという説がたびたび現れている。古くは和辻哲郎が唱え、近年では並川孝儀がこれと同じ立場である。このような理解は正しいのだろうか。

和辻哲郎は、輪廻転生し続けるなかで自己同一を維持するためには、恒常不変の自己（我＝アートマン）を想定しなければならないが、無我はかかる自己原理を排除する教えであるから、「明瞭に異なれる二つの思想を調和させるということは、もともと不可能」と主張し、輪廻説が本来の仏教には存在せず、外部から取り込まれたものにすぎないと結論づけた。

同様に並川孝儀も、最初期に否定されていた輪廻説が仏教のなかに取り込まれた結果、輪廻説と無我説との対立が生まれたという立場をとる。つまり、最初期の仏教においては、無我説のみが説かれ、輪廻説が否定されていたというのである。平岡聡は、この並川説に基づいて「無我を説く仏教にあって「輪廻の主体は何か」が大問題となる。仏教は「五蘊《ごうん》仮和合《けわごう》」〔引用者注：我々の個体存在は五つの要素が組み合わさって成り立っているということ〕という論法でこれを乗り切ろうとしたが、すっきりした論理ではなく、やや言い訳がましいところがある」と主張する。

しかし、これらの言説は、初期仏典を批判的に読み込み過ぎたことで（あるいはまったく読まずに）、ありもしない対立を創造してしまっている。

そもそも、ブッダが輪廻という現象そのものを否定した記述など、初期仏典の韻文と散文のどこを探しても存在しない。たとえば並川孝儀は、「ピンギヤよ。それ故に、あなたは怠ることなくはげみ、再び迷いの生存にもどらないように、妄執を捨てよ」という経文を、「再生することを否定する表現が見られる」の意味に読み込むことで、ブッダが輪廻という現象の存在を否定していたという根拠にする。しかし、取り上げられているこの一文は、単に「再生しないように修行して妄執を捨てろ」と言っているだけで、「再生することを否定する表現」と解することには語弊があり、まして輪廻という現象そのものの否定を想起せしめるものでは決してない。むしろ論理的に読めば、「再び迷いの生存にもどらないように」という経文が、輪廻を前提にしていることは明瞭である。たとえば、「ハラスメントをしないように、気をつけなさい」という表現があった場合、これが「ハラスメントという現象そのものが存在しない」ことを意味するのではなく、「ハラスメントが現にあるからこそ、それをしないように気をつける必要がある」ことを含意しているのと同じである。

そして、初期仏典のなかで輪廻説と無我説が調和しないという主張も根強いが、これも間違いである。この二つは見事に調和するのであり、この発見こそがブッダの偉大な先駆性なのである。

すなわち、我々の個体存在は五要素（五蘊＝色・受・想・行・識）に分解され、そのいずれもが無常なものであるから、したがって恒常不変の自己（アートマン）は見いだされない。これが無我説である。

そして、個体存在（五要素）は恒常不変ではないにもかかわらず、どうやって自己一貫性を保ちながら輪廻するのかといえば、これは縁起という教えに集約される。縁起とは「原因によって生じること」を意味する。つまり、過去の個体存在（因）が現在の個体存在（果）を生み出し、現在の個体存在（因）が未来の個体存在（果）を生み出す——そのような無常なる自己が、因果の連鎖によって、延々と個体存在を再生産し続けていくことが輪廻である。したがって、輪廻説と無我説は調和しており、そこに矛盾はない。

この無我と縁起という教えの詳細については第三部において解説するだろう。

†無記と輪廻

また、ブッダの無記を根拠にしつつ、業と輪廻の世界観をブッダの前提から外そうとする考察もある。

無記とは、一般の概説書において、「世界は時間的に有限であるか、無限であるか」とか、「完成者（如来）は死後に生存するか、あるいは生存しないか」といった形而上学的な問題について、ブッダが解答を与えることを拒否して沈黙を守ったこと、として紹介されている。具体的には、次にあげる一〇の質問を受けてもブッダは回答を差し控えたとされる。

①世界は常住である。　②世界は無常である。〔時間的に限定されているかどうか〕
③世界は有辺である。　④世界は無辺である。〔空間的に限定されているかどうか〕
⑤身体と霊魂は同一である。　⑥身体と霊魂は別である。
⑦完成者（如来）は死後に生存する。　⑧生存しない。
⑨生存し、かつ生存しない。　⑩生存するのではなく、かつ生存しないのでもない。

仏教学者の中村元や三枝充悳《さいぐさみつよし》は、このような無記がブッダの基本的立場であるとして、カントの二律背反や、ヴィトゲンシュタインの不可知論と結びつけてこれを高く評価している。さらに一歩踏み進んで、輪廻は形而上学的問題であるから、輪廻が存在するのかどうか問われてもブッダは回答しなかったに違いないという主張までもたびたび見られる。仏教学者の田中公明《たなかきみあき》は、「ブッダは、霊魂と身体の同異、死後の生存の有無などの形而上学的問題について、「無記」つまり沈黙を守って答えなかった」のであるから、「仏教の開祖ブッダの思想において、輪廻転生説が重要な位置を占めていたという点については、はなはだ懐疑的である」と述べている。

しかし、ブッダの無記から輪廻否定論を見いだす考え方は誤りである。そもそも、これら諸研究は、無記の意味を誤解している。

無記とは、「形而上学的な問題について沈黙を守った」というものではなく、「異教徒によって間違った立てられ方をした質問に対して、ブッダは回答しなかった」というだけのものである。無記が現れる初期仏典においては、「異教徒が投げかけた質問に対しブッダは沈黙をもって対応し、その後、無我などの教えを説く」という流れが基本であることを考慮すべきである。

また、ブッダは無記の質問を完全に無視したわけではない。ある初期仏典では、「解脱した者はどこに生まれかわるのか」という質問に対して、ブッダは、⑦「生まれかわる」、

⑧「生まれかわらない」、⑨「生まれかわり、かつ生まれかわらない」、⑩「生まれかわらないし、かつ生まれかわらないのでもない」という四回答がいずれも不正確であると述べたうえで、次のように慎重に言葉を選んで答えている。

完成者（如来）について説明しようとするならば、色（個体存在を五要素に分解したうちの一つ。特に物質的要素のこと）によって説明することはできますが、完成者のその色は、断たれ、根絶やしにされ、根幹を失ったターラ樹のようにされ、空無なものにされ、未来に生起しない性質のものとなっています。（以下、個体存在を五要素に分解したうちの残りである受・想・行・識についても「未来に生起しない性質のものとなっています」と繰り返される）

（『中部』七二経「火ヴァッチャ経」）

前項「無我と縁起」において、仏教では己が個体存在を分析して五要素（五蘊＝色・受・想・行・識）に分解すると説明したが、この経典においては、完成者（如来）の五要素それぞれが「未来に生起しない性質のもの」であると説かれている。したがって、輪廻を前提としたうえで「完成者は死後に生存しない」ことが実は正解であったことがわかる。

では、なぜブッダは、「死後に生存する」「死後に生存しない」などの質問に直接的に答えなかったのだろうか。それは、そのような〝間違った立てられ方をした質問〟に「有る」「無い」で答えると、質問者が勘違いして極論に陥る恐れがあったからである（『相応部』四四章一〇経）。無我を説く仏教では、輪廻主体である自己原理（アートマン）を連想させる「私」や「人」といった言葉の使用に敏感であった。つまり、「完成者は死後に生存しない」と表現してしまうと、「完成者」という何らかの輪廻主体が存在したうえでそれが消滅する、というような誤解を生む恐れがある。そのため、ブッダは、個体存在を五要素に分解したうえで、そのいずれもが死後に存在しないと述べたのである。

以上より、ブッダが回答を差し控えたという「無記」は、形而上学的な問いへの沈黙でもなければ、輪廻という世界観から距離を置くものでもないと言えよう。

†中道と輪廻

また、ブッダは、快楽と苦行、有と無といった両極端を斥ける中道に基づくことの重要性を説く（律蔵「大品」初転法輪、『相応部』一二章一五経）。この中道という立場から、先の無記と併せて、ブッダは輪廻の存在について肯定することも否定することもなく沈黙を守ったと主張する研究者もいる。

先の並川孝儀は、「ゴータマ・ブッダは、過去や未来の有無を否定することも、肯定することもない「中道」の立場から、過去や未来に対して判断を停止するという姿勢を保っていたのではないかと考えられる。その結果、輪廻観に対しても同じ姿勢をとったと考えるのも、至極当然のことといえよう」とも主張している。しかし、輪廻という現象に対して、中道から判断停止したというのは誤りである。そもそも「中道の立場から判断を停止する」などと説かれている教えは存在しない。

事実、ある初期仏典においてブッダは、「有る」と「無い」という両極端を離れるべきであると述べた後、判断停止も沈黙もすることなく、中によって法を説くとして、縁起説を次のように示している。

カッチャーナよ、「すべてが有る」というこれは一つの極端です。「すべてが無い」というこれは第二の極端です。カッチャーナよ、完成者は、それら二つの極端に近づかず、中によって法を説きます。

無知（無明）を縁として、意思的作用（行）が生じます。

意思的作用（行）を縁として、認識（識）が生じます。

認識（識）を縁として、名称と形態（名色）が生じます。

名称と形態（名色）を縁として、六つの認識器官（六処）が生じます。

六つの認識器官（六処）を縁として、接触（触）が生じます。

接触（触）を縁として、感受（受）が生じます。

感受（受）を縁として、渇愛（愛）が生じます。

渇愛（愛）を縁として、執著（取）が生じます。

執著（取）を縁として、生存（有）が生じます。

生存（有）を縁として、誕生（生）が生じます。

誕生（生）を縁として、老いと死（老死）、愁い・悲しみ・苦しみ・憂い・悩みが生じます。


（『相応部』一二章一五経）

すなわち、有と無を離れた中道とは縁起に他ならない。そして縁起とは、生あるものが過去・現在・未来へと輪廻を繰り返して苦しみに至る原因を探り、恒常不変の自己（アートマン）が輪廻しているのではなく、原因と結果の連鎖によって輪廻しているさまを明らかにしたものである（第12章参照）。したがって、中道の立場から、ブッダが過去世や来世に対して判断停止していたと主張するのは、まったくの錯誤である。

†ブッダの輪廻観

以上、ブッダの教えから業と輪廻の世界観を取り除こうとするいずれの試みも妥当ではない。繰り返すが、初期仏典のなかで、ブッダが輪廻という現象の存在を否定する発言をしている箇所はただの一つもないのである。

韻文優先説の立場をとる中谷英明は、初期仏典のなかで成立が古いとされる『スッタニパータ』のなかでも最古層とされる箇所において業報輪廻に関する記述がほとんど説かれていないことを根拠に、最古層（第四章）と新層（第一、二、三、五章）とでは「主流となっている論理が異なる」と主張し、暗にブッダから業と輪廻の世界観を遠ざけようとしているが、このような論法も妥当ではない（「ブッダの魂論」『論集　古典の世界像』古典学の再構築研究成果報告集、二〇〇三）。これには二つの理由がある。

第一には、仏滅後の当初の仏教教団では、韻文経典は聖典（三蔵）としての権威が認められておらず、それが聖典（三蔵）として認められたのは時代が下る。よって、当初の仏教教団において重要視されていなかった韻文経典だけに、しかもそのごく一部だけに依存してブッダを再構築することは、かえって仏教の歴史的実像から遠ざかる恐れがある。

第二には、すでに『スッタニパータ』の最古層において、「ブッダは兜《と》率天《そってん》から降りてきた」という輪廻に関する記述が確認される（四章九五五偈）。これは、「ブッダになるような偉大な人物の前世は、兜率という名の天界で修行をしている」という汎仏教的な前提がすでに下敷きになっている。

このように、初期仏典のいかなる箇所を切り取っても、業と輪廻の世界観が否定されているとは読み得ない。したがって、ブッダもまた業と輪廻の実在を深く信じており、そのような苦しみの連鎖から抜け出す方法を真剣に考えていた人間であるとしか考えられない。

冷静に考えれば、これは当然の帰結である。むしろ、初期仏典を読んで、そこから「ブッダは輪廻を認めていなかった可能性が高い」などと見いだしてしまうことは、知らず知らずのうちにブッダを現代人であるかのように〝神格化〟して、自らの願望に代弁させてしまった結果である。そもそも二五〇〇年前に生きたブッダという男が、近現代人と同じ価値観であるはずがないし、仮に業と輪廻の実在を深く信じていたとしても、それはブッダの価値を毀損《きそん》するものでは決してない。

第5章　ブッダは階級差別を否定したのか

†ブッダの近代性・合理性

二〇一一年と二〇一四年に映画化もされた手塚治虫の漫画『ブッダ』――そこでは奴隷階級の差別が重要なテーマの一つとして取り上げられ、ブッダは〝生まれ〟による差別や悲劇に翻弄される一人の男として描かれる。

ブッダが生まれる以前より、古代インド社会ではヴェーダ聖典を法源とするバラモン教が大きな勢力を誇り、人々の行動規範を定めていた。インドに今も根強く残るカースト制度（ヴァルナ・ジャーティ制）と呼ばれる階級差別は、このヴェーダ聖典に説かれる天地開闢の神話が根拠になっている。原人プルシャの口から司祭（バラモン）が生まれ、腕から武士（クシャトリヤ）が生まれ、腿《もも》から庶民（ヴァイシャ）が生まれ、足から隷民（シュードラ）が生まれたと説かれる。そして、生まれによってこの四階級のいずれに属するかが決まり、誕生後にこれを変更することはできない。さらに、ヴェーダの奥義を学ぶことができたのは上位三階級だけで、隷民には許されていなかった。

そのような社会情勢のなかにあってブッダは、隷民（さらにカースト外の不可触民）の出家を認め、彼らも悟りを得ることが可能であると説いている。

バラモンよ、もし彼が隷民の家より家なき者へと出家したならば、彼もまた完成者によって説かれた〝法と律〟によって、殺生を離れる者になり、盗みを離れる者になり……正しい見解を持つ者になります。正しい理と、善なる教えを習得した者になります。

（『中部』九六経「エースカーリー経」）

このような経文から、ブッダはカースト制度を否定し、人間平等論を唱えた偉大な先駆者であったと描かれることが多々ある。たとえば、水野《みずの》弘元《こうげん》は、「仏教はすべての人の人格を尊重する人文主義的自由主義の立場にあった」と評価し、仏教の近代性・合理性を讃えている（『原始仏教』平楽寺書店、一九五六）。また、同じく植木雅俊も、「釈尊は人を賤しくするのも、貴くするのも、その人の行為いかんによるとして、〝生まれ〟による差別を否定した」と述べている（『仏教のなかの男女観』）。

はたしてこのような評価は、どこまで妥当なのであろうか。

†平等を説く資料と、差別を容認する資料

初期仏典を読むと、ブッダが人間平等を説いたように読める教えに確かに遭遇する。

これらの生類（動植物）においては、生まれによってできる特徴がそれぞれ異なっている。〔だが、〕人においては、そのような生まれによってできる特徴がそれぞれ異なっているということはない。

（『中部』九八経「ヴァーセッタ経」、『スッタニパータ』六〇七偈）

生まれを問うな。行いを問え。火は薪木から生じる。卑しい家系であっても、堅固にして、謙虚で慎み深い、沈黙の聖者こそが高貴な者なのである。

（『相応部』七章一品九経）

しかし、本当にこれらの資料をもとに、ブッダがカースト否定論や人間平等論を説いていると評価してよいのだろうか。初期仏典を渉猟すると、カースト否定論や人間平等論を真っ向から否定する資料に幾度となく出くわす。ブッダは、武士階級こそが最上であると何度も是認している。

氏姓に属する人々のうちでは、武士階級が最上である。
諸天と人々のうちでは、明行足（ブッダの異名）が最上である。
（『長部』三経「アンバッタ経」、『中部』五三経「有学経」、『相応部』六章二品一経）

このように、アンバッタよ、女性と女性を〔比べても〕、男性と男性を〔比べても〕、武士階級こそ優れ、司祭階級は劣っているのです。
（『長部』三経「アンバッタ経」）

別の初期仏典では、当時の社会に階級的区別があることを認め、しかもそれは悪業・善業の報いによって決まることを説いている（『中部』一二九経「賢愚経」、『相応部』三章三品一経）。卑賤の家に生まれたのは過去世の悪業が原因であり、司祭階級や武士階級の富裕な家に生まれたのは過去世の善業が原因であるというのである。したがって、隷民として生まれ苦しんでいたとしても、それは自業自得である。

このように、初期仏典のうちには、ブッダが階級制度を批判していると読み得る資料もあれば、逆にそれを肯定しているとも読み得る資料もある。では、どのようにこの両者を調和させるべきなのだろうか。並川孝儀は、「最初期においては差別の否定という新基軸の立場が、次第にそれ以前からあった当時の世界観である業報思想と混交することによって肯定へと変化し、こうした説示になった」と主張する（『ブッダたちの仏教』ちくま新書、二〇一七）。

しかし、このような単線的な理解が成り立つかは甚だ疑わしい。

†沙門宗教という文脈

先に見た、「ブッダは現代人のように理性的であるため差別を否定したが、仏滅後に弟子たちが教えを歪めてこれを容認してしまった」というようなテンプレートは、大抵の場合、成立が古いとされる『スッタニパータ』など韻文資料の一部を切り取って主張される。だが、本書の第2章において述べたように、当初の仏教教団では韻文資料を聖典（三蔵）として認めておらず、しかもその多くがジャイナ教などの沙門宗教と共有されていたものであり、必ずしも仏教独自のエッセンスではない。

実際、初期仏典の韻文資料のなかには、人の貴賤は「生まれ」ではなく「行い」によって決まると説かれている詩があるが、これとほぼ同じ主張がジャイナ教の聖典のなかにも確認される。

生まれによって賤しい人となるのではない。生まれによって司祭（バラモン）となるのではない。行いによって賤しい人ともなり、行いによって司祭（バラモン）ともなる。

（『スッタニパータ』一三六偈）

人は行いによって司祭（バラモン）となり、行いによって武士（クシャトリヤ）となり、行いによって庶民（ヴァイシャ）となり、行いによって隷民（シュードラ）となる。

（ジャイナ聖典『ウッタラジャーヤー』二五章三三偈）

このように、仏教のカースト批判は、ブッダの独創でも先駆性でもなく、沙門宗教に共通する思想性の一つである。ここで重要なのは、初期仏典に散説されるカースト批判の矛先は、あくまでも司祭階級に向けられている点である。

ブッダが生きた紀元前七―前四世紀ごろは、それまでヴェーダ聖典を法源として頂点に君臨していた司祭階級が勢いを失い、仏教やジャイナ教など「沙門」と呼ばれる自由思想家たちが次々と台頭してきた時代だった。沙門たちは、ヴェーダ聖典の権威を否定し、司祭階級による祭祀や秘儀を経なくても、誰でも修行さえすれば宗教的完成（悟り）を得ることができると主張した。仏教のみならず、ジャイナ教の聖典においても、隷民（さらにカースト外の不可触民）であっても悟りが得られることを認めている。

シュヴァパーカ（カースト外の不可触民）の家系に生まれ、最高の徳を具えた沈黙の聖者であり、感官を制御したハリケーシャ・バラという名前の托鉢修行者がいた。

（ジャイナ聖典『ウッタラジャーヤー』一二章一節）

沙門宗教という文脈を踏まえるならば、初期仏典において強調されるカースト批判は、あくまでヴェーダ聖典を法源とする司祭階級絶対論に対して向けられているのであって、階級制度そのものに向けられているわけではない。

すなわち、仏教やジャイナ教などの沙門宗教が、四階級の根拠を「生まれ」ではなく、その人の「行い」に求めた裏には、ヴェーダ聖典の権威を否定することで、それまで絶対的だった司祭階級の地位を相対化するという意図を看取することができる。

聖と俗の平等

このように、ブッダによるカースト批判は、沙門宗教に共通する司祭階級批判の一つであると評価できる。ブッダは、「生まれ」ではなく「行い」によって人の貴賤が決まると主張するにあたり、ヴェーダ聖典を否定し、新たな創造神話を提示する。

先に見たように、ヴェーダ聖典では、四階級の起源について、原人プルシャの口から司祭（バラモン）が生まれ、両腕から武士（クシャトリヤ）が生まれ、両腿から庶民（ヴァイシャ）が生まれ、両足から隷民（シュードラ）が生まれたと説かれていた。「生まれ」によって人の貴賤が決まるという場合、究極的にはこのヴェーダ聖典が法源になっている。

これに対してブッダは、ヴェーダ聖典が神から授けられたものではなく、堕落した司祭たちが創作したものであるとしてその権威を否定した。そして、四つの階級の起源について、それぞれの行い（生業）に基づいて付けられた呼称にすぎないと主張した。つまり、はるか過去に、国土を支配していたことから武士という呼称が生まれ、瞑想（精神統一）したりヴェーダ聖典に基づいて活動したりしていたことから司祭という呼称が生まれ、さまざまな職業に従事していたことから庶民という呼称が生まれ、卑俗な仕事に就いていたから隷民という呼称が生まれたというのである（『長部』二七経「世起経」）。

ここでの「行い」とは、生業としての行為のみならず、未来に何らかの果報を生み出す業（カルマ）が含意される。四つの階級のいずれに属していても、善を行えば世間から称賛され、来世では楽を享受する。逆に、どの階級であっても、悪を犯せば世間から疎まれ、さらに来世では苦を忍受する。したがって、現世で金持ちの王族の家に生まれて楽を享受したり、貧しい奴隷の家に生まれて苦しみを忍受したりすることは、過去世で積み上げた業の結果として許容される。つまり、ブッダによるカースト批判は、貧困問題の解消や、富の再分配を意味しない。
そして、何より重要な点は、四つのいずれの階級であっても、出家して修行すれば悟りを得ることが可能であり、そのような悟りを得た出家修行者こそが最も尊いとされることである。これこそが、人の貴賤が「行い」によって決まるということの究極的な意味である。

ヴァーセッタよ、これら四の階級のうち、托鉢修行者にして、阿羅漢（悟った人）となり、煩悩を尽くし、住み終え、なすべきことをなし、荷物を下ろし、自身の目的に到達し、生存に結び付けるものを完全に断じ、正しく知り解脱している者は、非法によってではなく、法によってのみ、それら（四の階級）のうち最上であると言われます。

（『長部』二七経「世起経」）

このように、仏教が強調していることは、「カーストを問わず、出家すれば悟ることができる」という聖の側の平等であって、俗の側の平等ではない。次の初期仏典の一節は、それを端的に示している。

【パセーナディ王】「尊師よ、武士・司祭・庶民・隷民という四つの階級があります。尊師よ、これら四つの階級に差別はあるのでしょうか。いろいろな違いはあるのでしょうか」。

【ブッダ】「大王よ、武士・司祭・庶民・隷民という四つの階級があります。大王よ、これら四つの階級のうち、武士と司祭という二つの階級が、敬礼・起迎・合掌の所作・恭敬の所作について最上であると言われます」。

【パセーナディ王】「尊師よ、私は世尊に現世でのことを質問したのではありません。尊師よ、私は世尊に来世でのことを質問しています。尊師よ、武士・司祭・庶民・隷民という四つの階級があります。尊師よ、これら四つの階級に差別はあるのでしょうか。いろいろな違いはあるのでしょうか」……

【ブッダ】「大王よ、この場合、私は、彼らのうちには――〔すなわち、彼らの〕解脱と解脱には、何ら違いはないと説きます」

（『中部』九〇経「カンナカッタラ経」）

†理想と現実

仏教は、俗の側ではなく、聖の側での平等を説いた。ヴェーダ聖典を奉じるバラモン教にあっては、四階級のうち上位三層の子弟のみに師のもとでヴェーダ聖典を学習することが許され、最下層である隷民はこれを学習することができなかった。これに対し、ブッダは、隷民階級にも、それどころか四階級の外側にいる不可触民にさえも出家を許し、悟りの機会があると説いた。

これが机上の空論でなかったことは、紀元前四世紀末ごろにインドへ派遣されたギリシャ人外交官メガステネースが残した断片から確認できる。つまり、当時のインドは厳格な階級社会であり、異なる階級間での結婚はもちろん、生まれ持った階級（仕事）を変更することも許されていないが、どんな階級に生まれても「哲学者」になることはできたという。ここでの「哲学者」とは、仏教やジャイナ教などの沙門宗教に出家した修行者が含意されている（中村元『インド史Ⅱ』）。

また、仏教教団内の序列は、出家前の階級に基づくのではなく、出家してからの年月に応じて決まる。よって、出家一年目の元司祭よりも、出家一〇年目の元隷民のほうが上座

	男性出家者	女性出家者	男性信者	女性信者	計
司祭	161	17	36	5	219
武士	69	28	22	9	128
庶民	79	27	37	12	155
隷民	19	4	5	2	30
不明	558	27	28	15	628
計	886	103	128	43	1160

表2　初期仏典に登場する出家者・在家信者の出自階級

となる（佐々木《ささき》閑《しずか》『出家とはなにか』大蔵出版、一九九九）。

したがって、たとえ世俗社会ではカースト制度による差別があったとしても、出家教団のなかで「生まれ」に基づく差別はない。しかし現実問題として、最下層の隷民が出家するハードルは高かったようである。初期仏典に登場する出家者・在家信者たちの出自階級を調査したところ、隷民は圧倒的に少なかったことが明らかになっている（表2：赤沼《あかぬま》智善《ちぜん》『原始仏教之研究』法蔵館、一九八一）。

仏教関係者に隷民が圧倒的に少ない理由について、平岡聡は、「少なくとも最初期の教団は四姓すべてに開かれていたことがわかる。しかし、時代が下ると、出家にさまざまな規制がかかり、誰でも出家できるわけではなく」なった結果であると推測する（『〈業〉とは何か』）。しかし、このような論調は、理性的なブッダという幻想を、あるいは理想郷としての初期教団という幻影をつくってしまった結果である。

そもそも仏教教団では、一貫して隷民（シュードラ）の出身であっても出家が認められている。確かに平岡聡が指摘するように、教団運営に関する初期仏典（律蔵）には、奴隷（ダーサ）を出家させてはいけないという規則が記されている。しかし、この奴隷（ダーサ）とは経済的に自由を奪われた者のことであり、カースト最下層の宗教的に自由を奪われた隷民（シュードラ）とは概念的に必ずしも一致しない。また、たとえ奴隷（ダーサ）であろうとも、主人から許可を得ていれば出家できる。これは後代に著された注釈書においても同様であり、教団が知らずに奴隷を出家させてしまった場合は、その者が自由人になれるよう僧団としてもできる限り努力するよう指示されている（前掲、佐々木閑『出家とはなにか』）。

このように、理論としては、隷民であっても出家させることが可能であった。だが、現実問題として、隷民階級からの出家者は数が少ない。これはおそらく、初期仏典が編纂されたその当時の教団事情を反映していると考えられる。出家するためには、身元引受人となる和尚を先に探さなければならないが、社会的に差別を受けていた隷民が出家したいと望んでも、それを気軽に引き受けることは困難であったことは想像に難くない。仏教教団の維持は、世間の人々の布施によって成り立っていた。社会的に差別を受けている人々を受け入れることは、世間との軋轢《あつれき》を生みかねず、教団全体の運営にかかわる重大問題になりかねなかったであろう。

†アンベードカルの社会改革

ブッダは、四階級（司祭・武士・庶民・隷民）がヴェーダ聖典に基づいて定められたというバラモン教の定説を否定し、行為（生業）によって四階級それぞれの名称が生まれたと主張した。バラモン教では隷民階級にヴェーダ聖典を学習することを禁じたが、仏教ではすべての階級から出家者を受け入れ、隷民であっても悟りの可能性があると主張した。だが、これはあくまで聖の側での平等であって、一般社会での平等をブッダは成し遂げようとしたのではない。階級的な区別や貧富の差があることについて、それが自業自得の結果であるとブッダは考えており、因果応報の原則を乗り越えてまで差別や貧富の差を解消しようとした形跡は確認されない。ある意味で、ブッダは階級差別を容認していたのである。よって、ブッダが階級差別を否定した平等主義者であったというような言説は、現代になって初めて生まれた「神話のブッダ」であり、あくまで解釈の結果にすぎない。

しかし同時に、解釈として生み出された「神話のブッダ」こそが、人類史に大きな影響を与えてきた事実を見落としてはいけない。このカースト制度は、今もインド文化に深く染み着いているものの、一九五〇年に施行されたインド憲法により現在は廃止・禁止されている。このカースト制度撤廃に影ながら大きく寄与したのが、意外にもインドで滅びたはずの仏教であった。

インド国憲法の草案を書き上げたビームラーオ・アンベードカル（一八九一―一九五六）は、身分制度の最下層である不可触民として生まれ、差別撤廃のためにヒンドゥー教を批判する原動力としてブッダの教えに根拠を求めた。アンベードカルの仏教理解は、「真の仏教はいかなるものでなければならないかという立場から、仏典の語るところを離れた自由な解釈を加えている」と評される（『ブッダとそのダンマ』光文社新書、二〇〇四、山崎元一のあとがき）。このような解釈された「神話のブッダ」こそが、インドにおいて滅びたはずの仏教復興につながった。アンベードカルは、五〇万人の不可触民らとともに仏教に改宗し、これが現在インドに八〇〇万人以上いると言われる新仏教運動の母体となっている。

第6章　ブッダは男女平等を主張したのか

†仏教と女性差別

　男女平等の理念が広まるにつれて、仏教における女性蔑視の問題が徐々に顕在化してきた。とりわけ、一九九〇年代に、フェミニスト側（大越愛子・源淳子など）から「仏教には性差別的な体質がある」と糾弾する書籍が立て続けに出版されたことが、大きな転機となった。この批判の動きに反応する形で、仏教学者や宗派など体制側からも、この性差別問題を総括する動きが現れはじめる。彼らはフェミニスト側からの批判に対して、何らかの対応をするように迫られたのだが、興味深いことにブッダその人が女性差別をしていたという結論はほとんど見られない。

　田上太秀《たがみたいしゆう》は、「釈尊の平等観は人の種として生まれたものに差別はないという考え方である」と結論する一方、さきに初期仏典のなかに見られる女性蔑視の教えについては、「釈尊の考えではなかったと推測される。おそらく男僧たちが自分たちの本心をこのように釈尊に言わせた」として後代の加筆であると主張する（『仏教と性差別――インド原典が語る』東京書籍、一九九二）。

同様に、植木雅俊も、「釈尊のなまの言葉に近い原始仏典を見ると、女性が「劣ったものである」というような女性を軽視する考えは全く見られなかった」と結論づけ、初期仏典のなかに女性差別が散見される原因は、「釈尊の滅後、バラモン教的女性観の侵入が余儀なくされた。それは仏教教団の小乗化（保守化、権威主義化）によって促進された」からであると述べている（『仏教のなかの男女観』）。

しかし、このような単純な図式が成り立つのかは甚だ疑わしい。一部の仏教研究者は、現代人ブッダを構想して自身の願望を代弁させ、意に添わない初期仏典の記述については「後に仏弟子たちによって創作された」ことにしてしまいがちだが、ブッダが男女平等を主張していたという見解も、それと同じ愚を犯してしまってはいないだろうか。

もちろん、初期仏典のなかにも、後代の仏弟子たちによる加筆は多々あり、それを取り除くことはブッダという男の実像に迫るうえで重要な作業であろう。しかし、初期仏典のうちどれが後代の付加であるのかを見極める客観的な判断材料はほぼないに等しく、実際には、自らの主観に基づいて取捨選択してしまっているのが現状である。すでに本書では、そのような誤ったブッダ像の典型例を検討してきた。

それでは、初期仏典を通観するとき、ブッダの男女観はどのように評価することが可能なのだろうか。

†女性を蔑視するブッダ

初期仏典には、ブッダが女性を蔑視している資料が複数確認される。たとえば、一般男性と一般女性が次のように比較される。

【質問者】「では、友、ゴータマよ、家の主人たちは、何を欲求し、何を思念し、何を拠り所とし、何に執著し、何を完結とする者たちなのでしょうか」。

【ブッダ】「バラモンよ、家の主人たちは、財物を欲求し、知恵によって思念し、技術を拠り所とし、仕事に執著し、仕事の完成を完結とする者たちです」。

【質問者】「では、友、ゴータマよ、女たちは、何を欲求し、何を思念し、何を拠り所とし、何に執著し、何を完結とする者たちなのでしょうか」。

【ブッダ】「バラモンよ、女たちは、男を欲求し、着飾ることを思念し、子を拠り所とし、夫を共有する女〔愛人〕がいないことに執著し、〔家庭の〕支配権を完結とする者たちです」。

（『増支部』六集五二経）

同様の女性蔑視が、初期仏典のなかに満ちあふれている。女性が男性の所有物であるかのような発言や、直接的に女性を侮蔑する発言がいたるところに確認される。

世の支配権が勢力である。所有物のうちで最上のものが女人である。怒りが世の刀錆である。盗賊が世の垢濁である。

（『相応部』一章八品七経）

女は怒りやすい。女は嫉妬深い。女は物惜しみをする。女は愚痴である。

（『増支部』四集八〇経）

世の女たちは誠に不実である。女たちには際限というものがない。すべてを喰らい尽くす火のように、執著し、傲慢だ。女たちを捨てて、私は出家しよう。遠離して修行するために。

（『ジャータカ』六一話）

このような蔑視発言は、女性に対してのみ向けられている。性別をもとに男性を蔑視するような発言は、初期仏典のなかに存在しない。よって現代的な価値観からすれば、初期仏典に現れるブッダは、明確に女性差別者である。

†女性の〝本性〟

現代の我々が、二五〇〇年前に生きたブッダを女性差別者と指摘することはたやすい。だが、それは不公平な指摘でもある。そもそも古代インドにおいては、男女が同権であるというような意識はまったくなかった。初期仏典から導かれるブッダの女性観は、当時の一般社会におけるものと大差がない。

初期仏典のうちには、女性が男性を堕落させる原因であると執拗に説かれている。

貪欲が邪な道と呼ばれます。貪りが諸々の教えの妨害です。昼夜に尽きるのは若さです。女は清浄行の垢であり、人々はこれに耽溺します。

（『相応部』一章八品六経）

托鉢修行者たちよ、女は歩いているときでさえ、男心を乗っ取ります。立っているときも、坐っているときも、横になっているときも、笑っているときも、話しているときも、歌ったりしているときも、泣いているときも、老いたとしても、また死んでいたとしても、男心を乗っ取ります。
托鉢修行者たちよ、実に正しく話す人が、「悪魔のすべての罠である」と言うならば、正しく話す人は、まさに女性を、「悪魔のすべての罠である」と言うべきです。

（『増支部』五集五五経）

女の五つ（外見・声・匂い・味・肌ざわり）の流れすべては、〔男の〕五つ〔の感官

（眼・耳・鼻・舌・身）〕に向かって流れ込みます。それらを堰き止めることのできる果敢な者は、目的を達成し、教えに安住し、有能であり、聡明です。彼は、楽しみつつも、教えと目的にかなったつとめを果たすでしょう。

（『長老偈』七三九―七四〇偈）

これらの発言とほぼ同趣旨の主張が、バラモン教側の宗教的・社会的規範を記した『マヌ法典』（前二世紀―後二世紀ごろ）においても確認される。

この世において、男たちを堕落させることが女たちのこの本性である。それゆえに賢者たちは女たちに心を許さない。

女たちは、この世において愚者のみか賢者をも愛欲と怒りの力に屈服させ、悪の道に導くことができる。

ひとけのない場所で、母、姉妹あるいは娘と坐ってはならない。感官の一群は力があり、賢者をも屈服させる。

このように、女性は男性を堕落させる原因であるというのが古代インド一般の理解である。初期仏典もその理解に従い、男性の修行の妨げになるという点から、女性が批判されるケースが最も多い。逆に、女性の修行の妨げになるという点で、男性が批判されることはない。つまり、女性の本性が淫乱で性悪だからこそ、男性を堕落させてしまうというのである。現代的な価値観からすれば、女性に発情して堕落するのは「男性側に責任がある」と考えるのが普通であろうが、古代の価値観では、女性側に原因がある――今でもしばしば男が真顔で主張する「痴漢されるのは女も悪い」――という理解がむしろ常識なのである。

†平等の限界と現実

このように、ブッダの男女観が古代インドの一般的な価値観に従っていたことは、初期仏典の記述から明らかである。これほど明白にもかかわらず、どうして一部の仏教学者たちは、ブッダが男女平等を唱えたと主張できたのであろうか。

それは、「女性でも出家して悟ることができる」という仏教の立場を、ブッダの男女平等思想まで拡大解釈してしまった結果である。確かにブッダは、男性のみならず女性にも出家して悟りを得ることができると述べている。

【仏弟子アーナンダ】「尊師よ、女性は、完成者によって説かれた法と律において、家なき者へと出家して、聖者の流れに入った位（預流果《よるか》）、あるいはもう一度人間界に生まれてきて悟りを得る位（一来果《いちらいか》）、あるいはもはや二度と地上世界に戻ることのない位（不還果《ふげんか》）、あるいは一切の煩悩を断じ尽くした位（阿羅漢果）を証得することは、果たして可能なのでしょうか」。

【ブッダ】「アーナンダよ、女性は、完成者によって説かれた法と律において、家なき者へと出家して、聖者の流れに入った位（預流果）、あるいはもう一度人間界に生まれてきて悟りを得る位（一来果）、あるいはもはや二度と地上世界に戻ることのない位（不還果）、あるいは一切の煩悩を断じ尽くした位（阿羅漢果）を証得することが可能なのです」。

（律蔵「小品」比丘尼犍度）

しかし、ブッダのこの発言は、男性のみならず、女性でも悟りを得ることができると言っているだけで、世俗社会においても男女が同権であるとか平等であるなどとは決して言っていない。しかも、たとえ男女ともに悟りを得ることができるにしても、仏教教団において女性は男性に従属する立場にあり、女性出家者は、次の〝八つの掟〟を守らなければならないとされた（前掲、佐々木閑『出家とはなにか』）。

① 女性出家者は、どれだけ長老であっても、すべての男性出家者を敬わなければならない。（同性ならば、出家した順に席次が決まる）

② 女性出家者は、男性出家者のいない場所で雨安居《うあんご》（雨期の三カ月間、移動せずにじっとして暮らすこと）を過ごしてはならない。

③ 女性出家者は、半月ごとに男性出家者のもとで反省会を行い、教誡を請わねばならない。

④ 女性出家者は、雨安居が終わったら男性・女性の両僧団の両所においては批判会を行わねばならない。（男性出家者の場合は、男性僧団においてのみ批判会をすればよい）

⑤ 女性出家者が僧残罪（謹慎の罪が科せられる重罪）を犯した場合、男性・女性の両僧団においてそれぞれ一四日間ずつの謹慎を経なければならない。（男性出家者の場合は、

男性僧団において七日間の謹慎で済む）

⑥　男性の場合は見習いから出家者に直接なれるが、女性の場合は、見習いから出家者に直接なることはできず、正学女と呼ばれる二年間の観察期間を経なければならず、しかも男性・女性の両僧団それぞれで受戒の儀式を受けなければならない。

⑦　女性出家者は、いかなる場合においても男性出家者を罵倒したり非難したりしてはならない。

⑧　女性出家者は、男性出家者の戒律違反を指摘できない。男性出家者は、女性出家者の戒律違反を指摘できる。

この〝八つの掟〟について植木雅俊は、仏滅後に弟子たちが「釈尊の言葉を装って男性中心の「八つの条件」を付加し」て、「女性たちに負い目をもたせた」と述べている（『仏教のなかの男女観』）。

しかし、この〝八つの掟〟を後代の付加であると決めつけるのは客観的ではなく、「ブッダは男女平等主義者であるに違いない」という先入観に基づいた善意解釈である。すでに見てきたように、ブッダは確かに女性でも悟ることができると説いたが、それは現代的な意味での男女平等を意味するのでは決してない。

✝ブッダの男女観

ところで、「男のみならず、女性でも悟りを得ることができる」というブッダの思想は、古代インドの歴史において先駆的なものだったのだろうか。

たとえば、紀元前四世紀末ごろにインドへ派遣されたギリシャ人外交官メガステネースは、「女たちが一部の者たちと共に哲学しており、その女たちも禁欲している」（シュヴァンベック版、断片四一）と残しており、中村元や植木雅俊はこの女性の哲学者とは、仏教の女性出家者であろうと指摘している。確かにこの「哲学する女性」は沙門宗教を説明するくだりで現れており、仏教の女性出家者を指していたとも考えられる。

だが、「女性でも悟りを得ることができる」という発想自体は、初期仏典と同程度に古いジャイナ教聖典にも現れる（『ウッタラジャーヤー』二六章三四偈）。ブッダ以前にも、ヴェーダ聖典のうちで最も重要な哲学者と評価されるヤージニャヴァルキヤは、聡明な妻であるマイトレーイーと哲学議論を交わしている。

さて、ヤージニャヴァルキヤには、マイトレーイーとカーティヤーヤニーという二人の妻がいた。二人のうちマイトレーイーは、神聖な事柄に関して論じることができた。一方、カーティヤーヤニーは、女の知恵だけを持っていた。

（『ブリハッド・アーラニヤカ・ウパニシャッド』五章一節、湯田豊訳）

この妻との哲学議論を通して、「ヤージニャヴァルキヤの思索は究極点に達した」とまで評価されている（中村元『ウパニシャッドの思想』）。

このように、ブッダが生まれる前から、女性は、確かに蔑視されながらも、男性と並んで哲学的議論を交わすことができると評価されていた。初期仏典からうかがい知れるブッダの男女観も、これから遠く離れたものではない。ブッダは悟りの可能性を女性にも認めていたが、同時に女性が男性と比べて劣っていると認識していた。

ブッダが女性差別をしていたという結論を、現代人の多くは受け入れがたいかもしれない。しかし、ブッダは現代人ではない。我々はブッダに自らの願望を語らせることも、現代的な価値観から一方的にブッダを批判することも避けなければならない。

第7章　ブッダという男をどう見るか

†現代人ブッダ論

　これまでに本書では、①ブッダは平和主義者であった、②ブッダは業と輪廻の存在を否定した、③ブッダは階級差別を否定し、平等思想を唱えた、④ブッダは女性差別を否定した、という四つのありがちな現代人ブッダ論を再検討し、そのいずれも歴史的文脈から外れることを明らかにしてきた。

　およそ二五〇〇年前に生きたブッダという男は、輪廻を当然の前提として受け入れており、この世の貧富や差別、そして理不尽な死の原因は過去世の業（カルマ）であると考えていた。確かにブッダは、当時差別されていた隷民や女性にも出家を認め、彼らにも悟りを得る可能性があると主張した。だが、この主張は、当時のインド思想において決して先駆的なものではなく、類似した考え方がすでに起こっていた。

初期仏典を通覧するならば、この結論は揺らぎようがない。にもかかわらず、どうして仏教学者たちは、現代人ブッダ論を主張してしまったのであろうか。

✝イエス研究との奇妙な類似点

実は現代人ブッダ論とよく似た現象が、キリスト教のイエス研究でも起きている。

歴史を振り返ってみてもキリスト教は、十字軍が代表するように、戦争と暴力を何らかの形で容認してきた。宗教改革者マルティン・ルター（一四八三―一五四六）は、「殺戮し強奪し放火しあらゆる災害を敵に加えることが、キリスト教的であり、愛の行為なのである」と述べている（『現世の主権について』岩波文庫、一九五四）。だが、二度の世界大戦による惨禍を経て、イエスの教えが非暴力と平和主義であると発見された（サイダー『イエスは戦争について何を教えたか――暴力の時代に敵を愛するということ』あおぞら書房、二〇二一）。

また、イエスは貧農の出身であり「ラディカルな平等主義、つまり、人々の間のいかなる差別の正当化をも拒否し、いかなる階層関係の必要性をも否認する絶対的な平等思想」

を体現した人物であると発見された（クロッサン『イエス――あるユダヤ人貧農の革命的生涯』新教出版社、一九九八）。

さらに、聖書には女性蔑視の表現が数多く含まれ、カトリック教会では今もなお女性は司祭につけないが、近年、聖書に基づくキリスト信仰が、（これまで考えられてきたようなフェミニズムの否定ではなく）真のフェミニズム思想の根拠になることが発見された（絹川久子『聖書のフェミニズム――女性の自立をめざして』ヨルダン社、一九九九）。

これらの発見は必ずしもキリスト教研究でコンセンサスが取れているわけではなく、根強い支持者がいる一方で批判者も多い。イエスが階級差別を否定した平等主義者であったという発見に対しては「現代の民主主義について語っておりながら、時代錯誤的にそれをイエスの時代に読み込み、イエスの口に置いている」といった批判が、聖書をフェミニズムの根拠とする発見に対しては「聖書には〝真のフェミニズム思想の根拠〟にならない、ない部分もあることをほとんど指摘していない」といった批判がある。

これらイエス研究の成果について、本書ではその是非を検討することはできないが、教祖を〝理性的現代人〟として復元した点で、近現代の仏教研究との奇妙な一致を指摘できるだろう。そもそもブッダやイエスが生きた時代に、現代的な意味での平等主義やフェミニズムといった価値観は存在しなかった。そのような価値観の先駆者としてブッダやイエスを位置づけようとする試みは、現代人にとって魅力的ではあるが、それは歴史問題ではなく、むしろ解釈学の領域にあることを自覚する必要があるだろう。

†「歴史のブッダ」と「神話のブッダ」

近代になり宗教の権威が衰えたことで、我々は伝統的解釈を否定して、初期仏典を自由に読むことが許されている。初期仏典は、仏滅後に仏弟子たちが信仰心を持って編纂したものであり、必ずしも歴史的事実を記録したものではない。したがって、歴史的関心を持ってブッダの実像に迫ろうとするならば、初期仏典を字義どおりに受け入れるのではなく、批判的にこれを読む必要がある。しかし、〝批判的に読む〟という営為は必然的に解釈を要求するため、先入観なく「歴史のブッダ」を復元することは事実上不可能である。

ブッダは偉大な人物であったに違いないという先入観を、古代や中世のみならず、現代の仏教者も共通して抱いている。古代や中世の仏教者たちが、当時の時代性にあわせて「一切智者であるブッダは、すべてをお見通しである」、「ブッダは超能力を使う」などと神格化したのと同様に、現代の仏教者たちもまた、「歴史のブッダ」を構想しようとするなかで、近現代的な価値観と合致するように、「平和主義者だった」、「業と輪廻を否定した」、「階級差別を否定した」、「男女平等論者だった」と神格化してしまっているのである。

ここで我々は、次の事実に気がつく。すなわち、古代から現代にいたるまで、「歴史のブッダ」ではなく、「神話のブッダ」こそが人々から信仰され、歴史に影響を与えてきたということである。現代において、「ブッダは非科学的な現象を事実であると信じていた」と主張しても人々に響かず、むしろ仏教は迷信深い教えだとして敬遠されてしまう恐れすらある。そのようなブッダは現代において求められていないのだ。その時代時代に応じて、ブッダは求められる姿に解釈される。逆説的だが、中村元など近現代の一部の研究者が喧伝した「歴史のブッダ」は、実は歴史上一度も存在しなかった「神話のブッダ」だったということである。

だが、今を生きる我々が、伝統的解釈を否定して、初期仏典から「歴史のブッダ」と名づけられた「神話のブッダ」を新たに構想することは、決して無意味な営為ではない。インドでカースト制度の撤廃に尽力したアンベードカルは、差別撤廃の思想的根拠をブッダの教えに求めた。アンベードカルの仏教理解は、必ずしも公平で客観的なものではなかった。しかし、彼が構想した平等主義者という「神話のブッダ」は、たとえ歴史上存在したことがなくても、間違いなく現実世界を動かす原動力になったのである。このように考えるならば、古代から現代に至るまで、「歴史のブッダ」ではなく「神話のブッダ」こそが、我々にとって重要なのであり、必要とされてきたのである。

第三部 ブッダの先駆性

ナーランダ寺院の遺構

第8章

仏教誕生の思想背景

これまでに本書では、近現代の仏教学者たちによる「歴史のブッダ」を探求する試みが、新たな「神話のブッダ」を創造する営為に他ならなかったことを指摘した。多くの仏教者たちが初期仏典を脱神話化すれば歴史を抽出できると憶断して「歴史のブッダ」の復元を期したが、その試みのほとんどは己が願望をブッダに代弁させただけであった。

初期仏典に先入観なく向き合うことは不可能であり、そこからブッダの歴史的文脈を正確に読み出すことはきわめて困難である。初期仏典は、仏滅後に仏弟子たちによって編纂されたものである。彼ら仏弟子たちは、ブッダの生涯や事績を先入観なく羅列しようとしたのではなく、ブッダの偉大な先駆性を遺すために篤い信仰心を持ってこれを編纂した。

したがって初期仏典から歴史的文脈を読み出そうとするならば、我々はこの偉大な先駆性がどのようなものであったのかを解明することに注力すべきである。確かにブッダという男が世に現れたことで、インドは変貌を遂げた。はたしてブッダの先駆性とは、どのようなものであったのか。これを明らかにするために、本章ではまず、仏教が生まれる時代背景からこれを考察していく。

†生天と解脱

遊牧民族であるアーリア人が、紀元前一五〇〇年ごろ中央アジアよりインド亜大陸に侵入してきた。彼らアーリア人は、先住民と衝突あるいは交流しながらインドの支配層として定住するに至った。これ以前に栄えていたインダス文明の詳細は、モエンジョ・ダーロやハラッパーといった遺跡を除いて、今日まで一切の痕跡を残していない。

紀元前一二〇〇年ごろから、アーリア人は「ヴェーダ」と呼ばれる聖典を編纂しはじめ、これを法源とする社会体制を構築した。司祭階級を頂点とするバラモン教の社会である。

ヴェーダ聖典の古層における人々の宗教目的は、死後に天界に再生（生天）することである。そして、人々が生天を叶えるためには、ヴェーダ聖典に記された祭祀を実行しなければならない。この祭祀は司祭階級を通してのみ実行可能である。つまり、生天の可否は司祭階級の独占市場だったということである。

まだ、このヴェーダ聖典の古層では、業や輪廻といった考え方は明瞭には現れていない。これが現れてくるのは、ウパニシャッドと呼ばれるヴェーダ聖典の新層においてである。すなわち、生天しても再死して地上にまた戻ってくるという輪廻の不安が起こりはじめ、「天における不死」が求められるようになった。この不死に到達するために、自己原理（我＝アートマン）と宇宙原理（梵＝ブラフマン）が同一であると認識する必要があるとされた。そして、この「天における不死」を得ることによって輪廻が終極し、この状態は「解脱」とも呼ばれる。

このように、ヴェーダ聖典が古層では「生天」が宗教目的だったのが、業と輪廻が前提になった新層では「解脱」こそが究極の目的であると再定義されることになる。この二つの宗教目的は、仏教においてもそのまま取り入れられ、在家信者は生天を目指し、出家修行者は解脱を目指すという構造に昇華させられる。この詳細は、第10章において解説する。

†バラモン教と沙門宗教

ヴェーダ聖典の新層（ウパニシャッド）が編纂されはじめた前八世紀ごろは、バラモン教の権威が揺らぎはじめた時期でもある。ヴェーダ聖典の古層では祭祀によってしか天界

写真2　アショーカ王の石柱詔勅（デリー・トープラー石柱）

に再生できなかったが、新層では、この構造が業（カルマ）の理論によって飲み込まれる。なぜなら、善悪の行為が来世を決定づけるならば、祭祀に頼らずとも善い行いさえすれば天界に再生することが可能だからである。したがって、ヴェーダ聖典を法源とする祭祀の絶対性を否定したのは、皮肉にもヴェーダ聖典自身であった。

祭祀に頼らずとも、来世の自由を手にすることができるならば、司祭階級の支配にいつまでも隷属する必要はない。この流れを受け、ヴェーダ聖典の権威を認めず、司祭階級を核とするバラモン教を公然と非難する自由思想家たちが、前七世紀から前四世紀ごろにかけて次々と現れた。彼ら自由思想家たちは沙門（努力する人）と呼ばれる。仏教やジャイナ教も、この沙門宗教の一つとして、

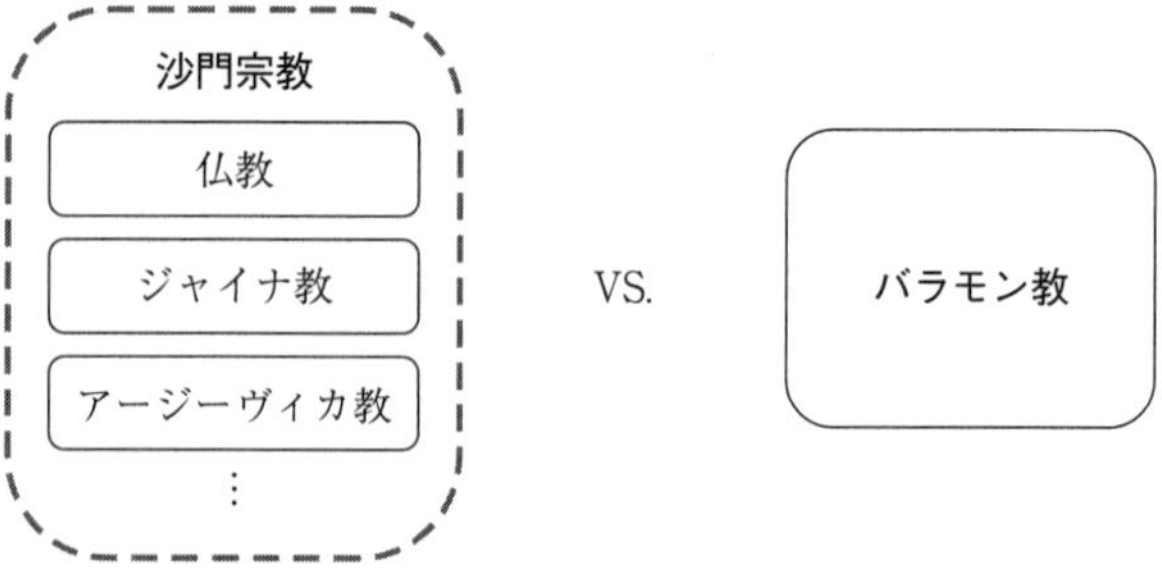

図１　沙門宗教とバラモン教

バラモン教に対抗する形で生まれた。

前四世紀ごろにインドに派遣されたギリシャ人外交官メガステネースも、インド宗教において、この「司祭階級（バラモン教）」と「沙門」という二派が対立していたことを伝えている。前三世紀のアショーカ王碑文は、仏教、バラモン教、アージーヴィカ教、ジャイナ教の四つを挙げている（石柱詔勅七章：写真2）。

また、初期仏典によれば六二もの沙門諸派があったことを（『長部』一経「梵網経」）、ジャイナ教聖典によれば当時の沙門諸派が行為論（業報を承認する説）、無行為論（業報を否認する説）、無知論（不可知論）、持律論（厳しい戒律を守る立場）の四つに大別できることを伝えている（『ウッタラジャーヤー』一八章二三偈）。このように、ブッダの登場した前七世紀から前四世紀ごろにかけてが、インドにおける宗教の変革期であり、バラモン教に対抗してさまざまな沙門宗教が繚乱した時期であった（図1）。鎌倉仏教の諸宗派が次々と生まれた日本の鎌倉時代（一二世紀から一三世紀）や、儒家や法家などの諸子百家が次々と生まれた中国の春秋戦国時代（前八世紀から前三世紀）にも比されよう。

沙門宗教としての仏教

仏教はバラモン教と対立する沙門宗教の一つとして生まれた。それでは、沙門宗教という射角から、仏教は、どのような特徴を持つのかを検討していこう。中村元や山崎守一《やまざきもりいち》の研究によれば、沙門宗教が共通して持つ原風景として次の三点が指摘できる。

① 不可触民の生まれであっても、修行によって聖者となりうる。
② ヴェーダ聖典に基づく祭祀の効力を否定する。
③ 遊行の生活を基本とし、乞食によって生命を維持する。

このうち、①「不可触民の生まれであっても、修行によって聖者となりうる」については、第5章において述べた通りである。バラモン教にあっては、司祭階級を頂点とする四階級（カースト制度）のうち、最下層の隷民はヴェーダ聖典を学習することができなかった。これに対し、ブッダはヴェーダ聖典の権威を否定し、隷民階級にも、それどころか四階級の外側にいる不可触民であっても修行すれば、悟りの機会があると説いた。ジャイナ教も同様に、隷民階級や不可触民であっても悟りを得ることが可能であると主張した。仏教もジャイナ教も、教祖はともに武士階級（クシャトリヤ）の出身であり、反バラモン教という点では軌を一にしている。

ヴェーダ聖典に基づけば、四階級の長である司祭は祭祀の執行という既得権益を独占する特権階級であり、人々が死後に天界で再生するためには司祭に布施をして祭祀を執り行う必要があった。これに対し沙門宗教では、②「ヴェーダ聖典に基づく祭祀の効力を否定」した。ブッダは、堕落した司祭もいることを指摘して、人の貴賤は「生まれ」ではなく「行い」を問うべきであると説いた。そして、行いの優れた修行者に布施をすればこそ天界に再生できるとして、沙門を「福田」に、司祭を「荒田」に譬《たと》えた（『ジャータカ』四九七話）。つまり、立派な田畑（沙門）に種（布施）を蒔《ま》けば果（福）が実るが、荒れた田畑（司祭）に種（布施）を蒔いても果（福）は実らないということである。また、仏教やジャイナ教では、悟った人のことをアルハット（阿羅漢）と呼ぶが、これも「供養を受けるのにふさわしい人」の意味である。

そのような布施をされるにふさわしい沙門の姿こそが、③「遊行の生活を基本とし、乞食によって生命を維持する」という生活である。世襲の特権によって司祭階級が満ち足りた生活をしていたのに対し、沙門たちは、一切の財産を放棄し、厳しい自制と禁欲を貫き、托鉢によって生活した。これは当時のインド社会において宗教者の理想像であり、バラモン教においても老後はこのような生活を送るべきであると推奨されている（『マヌ法典』）。ただし沙門宗教においては、老後まで俟つのではなく、若くても出家すればその時点で遊行と乞食の生活を送る必要がある。初期仏典のなかでは、理想の仏教修行者をあえて「司祭（バラモン）」と呼ぶことがある（『ダンマパダ』三九五偈）。それはつまり、宗教者の理想像を体現しているのは、バラモン教の司祭たちではなく、仏教修行に励む沙門たちであるという主張である。

このように、沙門宗教の一つである仏教は、ヴェーダ聖典の新層（ウパニシャッド）において展開された輪廻や解脱といった世界観を共有しながらも、それと批判的に対峙し、真の理想の修行者像を探求した結果、生まれたのである。

第9章　六師外道とブッダ

仏教が生まれた二五〇〇年前のインドは、宗教の改革期であり、沙門と呼ばれる自由思想家たちが次々と世に現れた。彼らは輪廻や解脱といった当時の世界観を共有しながらも、ヴェーダ聖典とバラモン教の伝統から解き放たれ、自由に新たな思索を組み立てることができた。当時、唯物論者や懐疑論者など、さまざまな哲学者が生まれていたことが明らかになっているが、そのなかで、今日まで残っている沙門宗教は仏教とジャイナ教のみである。それ以外の諸派については、断片的な引用からその実態がわずかにうかがい知れるだけである。

初期仏典のなかには、当時、仏教以外に次の六つの沙門集団（六師外道）が興隆していたと記録されている。

① プーラナ・カッサパ……道徳否定論
② アジタ・ケーサカンバラ……唯物論
③ パクダ・カッチャーヤナ……要素論
④ マッカリ・ゴーサーラ（アージーヴィカ教）……決定論
⑤ マハーヴィーラ（ジャイナ教）……宿作因論と苦行論
⑥ サンジャヤ・ベーラッティプッタ……懐疑論

もちろん彼ら六師の所論は、ブッダに論破される文脈においてのみ言及される。したがって、歴史的に実在したであろう彼ら六師の実情を知るために、これら仏教側の記述を鵜呑みにして用いることはふさわしくない。しかし、ブッダが彼ら六師に対してどのように優位性を説いたのかを考察することは、沙門宗教としての仏教の特徴を知るうえで有益である。したがって本章では、初期仏典に説かれるこれら六師の立場を解説しつつ沙門ブッダの特徴を浮き彫りにしていきたい。

†道徳否定論

古代インドにおける道徳は、善悪業によって来世の境遇が決まるという業(カルマ)の理論によって基礎づけされている。業と輪廻を否定することは、道徳否定論につながる。六師外道の一人、プーラナ・カッサパは、善い行いをしようとも、悪い行いをしようとも、何か報いを受けることはないと主張した。

たとえ、ガンジス川の南岸に行って、殺したり、殺させたり、切断したり、切断させたり、苦しめたり、苦しめさせたりしても、これによって悪が生ずることなく、また悪の報いが生ずることもありません。また、たとえガンジス川の北岸に行って、布施をしたり、布施をさせたり、供養したり、供養させたりしても、これによって善が生ずることなく、また善の報いが生ずることもありません。布施によっても、調御によっても、自制によっても、真実語によっても、善が生ずることなく、また善の報いが生ずることもありません。

(『長部』二経「沙門果経」)

ブッダは、かかる道徳否定論に対して、業と輪廻の世界観を受け入れたうえで、在家信者には善業を積んで天界に再生すべきという生天論を説き、さらに出家者には輪廻を終極させるよう解脱論を説いたことはつとに知られる。

†唯物論

バラモン教では輪廻の主体として自己原理（アートマン）が想定されるのに対し、それをまったく認めない唯物論者も現れた。六師外道の一人アジタ・ケーサカンバラは、地・水・火・風・虚空という五元素論に基づいて、我々の個体存在は地・水・火・風の四元素から成り立ち、死ねば雲散霧消するのであって、死後の生存などあり得ないと主張した。このような立場は、仏教において断滅論と呼ばれる。

布施されるものは存在しません。献供されるものは存在しません。供養されるものは存在しません。善行・悪行の業の報いは存在しません。この世や、あの世も存在しません。……四大元素からなるこの人間が死ぬと、地は地の集まりに入り行き、水は水の集まりに入り行き、火は火の集まりに入り行き、風は風の集まりに入り行き、諸々の感官は虚空に転移します。人々が棺を担いで、死者を運んで行きます。火葬場までの間、弔いの言葉があります。供物は灰に帰して、鳩色の骨が残るだけです。この布施なるものは、愚者によって定められたものです。誰であれ、有論（「来世はある」という論）を説く者がいれば、〔それは〕その者たちの空言であり、嘘であり、戯言です。愚者も賢者も、身体が滅びれば、断絶し、消失し、死後には存在しません。

（『長部』二経「沙門果経」）

唯物論者もまた、先のプーラナ・カッサパと同じく道徳否定論者であり、善因楽果・悪因苦果など存在しないという点から、布施や供養といった世間一般で善業とされる行為の効用を否定している。

一方、仏教では、同じく自己原理を否定しながらも、個体存在を五要素（五蘊＝色・受・想・行・識）に分解し、我々の個体存在が物質（色）だけではなく、精神的要素（受・想・行・識）からも成り立っていると説いた。そして、業と輪廻の世界観を受け入れつつ、その五要素のうち行（行為）は善業・悪業を含意し、そして受（感受）は業の果報としての苦・楽を含意しているので、道徳否定論に陥ることはないとした。

†要素論

六師外道の一人パクダ・カッチャーヤナは、人間は地・水・火・風・楽・苦・命の七要素から成り、これらは個々としては恒常不変であり、お互いにいかなる影響も与えたりすることはないという要素論を唱えた。

七〔要素〕とは何でしょうか。地の集合、水の集合、火の集合、風の集合、楽、苦、第七として命です。これら七つの集合は、作られたものではなく、作らせられたものではなく、化作《けさ》されたものではなく、化作させられたものではなく、不毛なものであり、山頂のように不動であり、石柱のように泰然としています。それらは動揺することがなく、変化することがなく、互いに害しあうことがなく、互いに楽にしたり、苦にしたり、楽・苦にしたりできません。

そこ（七要素によって成り立つ個体存在）には、殺す者も、殺させる者も、聞く者も、聞かせる者も、知る者も、知らせる者も存在しません。たとえ鋭い剣で頭を断ち切っても、誰かが誰かの生命を奪うことにはなりません。ただ七の集合の間にある裂け目にそって剣が落ちるだけです。

（『長部』二経「沙門果経」）

この七要素における恒常不変の命（ジーヴァ）は、インド諸宗教で説かれる自己原理（我＝アートマン）を思い起こさせる。実際、ジーヴァという語は、ジャイナ教において、輪廻の主体である恒常不変の霊魂を意味する。さらにバラモン教のある一派（ヴァイシェーシカ学派）では、地・水・火・風・虚空・時間・方角・自己原理・意という九要素を恒常不変のものとして理解している。

だが、パクダ・カッチャーヤナの要素論は、業とその果報をどのように位置づけるかという点で他とは異なる性格を示す。ジャイナ教やバラモン教においては、自己原理が善業・悪業の作者であり、その報いである苦楽を自己原理が感受する。一方、パクダ・カッチャーヤナの要素論においては、善業・悪業の存在が否定され、楽と苦は他から影響を受けない独立した要素として存在している。再三述べたように、このような因果応報の否定は、インドにおいて道徳否定論を意味する。事実、パクダ・カッチャーヤナは、頭を切り落としても、七要素の間隙を剣が通り抜けるだけで生命を奪うことにはならないという極論に至っている。

これに対し仏教は、我々の個体存在は、五要素（五蘊＝色・受・想・行・識）から成り立つが、そのいずれもが互いに影響を与えつつ変化しながら存在するものであると考えた。頭とりわけ、努力などの善業や殺人などという悪業は、個体存在に大きな変化を与える。頭を切り落とす行為は、相手の個体存在に絶命という変化を与えるのみならず、悪業の報いとして自身の個体存在にも苦果という変化を未来に与える、ということである。

†決定論

アージーヴィカ教のマッカリ・ゴーサーラも、六師外道の一人として現れる。彼は、輪廻という現象があることは認めたが、業によって来世や苦楽が引き起こされるわけではないと主張した。すなわち、輪廻する回数や、感受する苦楽の量は、あらかじめ決定しているのであって、努力や修行は無意味であるとした。これは決定論と呼ばれる。

自身の行為はなく、他者の行為はなく、人間の行為はなく、力はなく、精進はなく、人間の活力はなく、人間の努力はないのです。……そこ〔輪廻〕では、「私は、この戒によって、あるいは禁戒によって、あるいは苦行によって、あるいは清浄行によって、まだ熟していない業を熟させよう。あるいは、すでに熟した業にくり返し触れ、滅ぼそう」と言うことがありません。まったくそのようなことはないのです。楽と苦は桝で量られた〔ように定まった量の〕ものであり、輪廻は終局の定められたものであって、増減もなく、興廃もありません。まさに糸玉を投げると〔巻かれた糸が〕ほぐれていって〔やがてほどけ〕終わるように、愚者も賢者も、流転して、輪廻の苦の終わりをなすでしょう。

（『長部』二経「沙門果経」）

この決定論に対し、ブッダは、業によって苦楽が引き起こされると主張し、努力や修行の意義を次のように認めた。

托鉢修行者たちよ、今、阿羅漢〔悟った人〕であり等正覚者〔ブッダ〕である私は、業を説く者であり、行為を説く者であり、精進を説く者です。托鉢修行者たちよ、愚者であるマッカリ〔・ゴーサーラ〕は、「業〔に果〕はなく、行為〔に果〕はなく、精進〔に果〕はない」と〔説いて〕、私をも否定しています。

(『増支部』三集一三五経)

仏教の立場からすれば、確かに現世での境遇は過去世で積んだ業の結果であるが、現世で善業を積めば来世は天界に再生することも、出家して修行すれば悟りを得て輪廻を終極させることも可能である。

このような点からマッカリ・ゴーサーラの決定論を批判するのは仏教だけではない。ジャイナ教の聖典(『ウヴァーサガダサーオー』六章一〇節)においても、マッカリ・ゴーサーラは「努力は存在しないし、業も存在しないし、力も存在しないし、意志も存在しないし、人間の営みの勇敢さも存在しない。一切のものはすでに定まっている」と宿命論を唱え、それに対してジャイナ教の開祖マハーヴィーラは「努力が存在し、業が存在し、力が存在し、意志が存在し、人間の営みの勇敢さも存在する」と批判している(『バガヴァティー』一章三品五節)。これはブッダによる決定論への批判と同一趣旨である。

†宿作因論と苦行論

ジャイナ教の開祖マハーヴィーラも、六師外道の一人としてブッダから批判される。ジャイナ教の教えは、次のように紹介されている。

この人間が感受する楽であれ、苦であれ、不苦不楽であれ、そのすべては前世でなされたことを因としています。ゆえに、苦行によって古い業を破壊し、新しい業を作らなければ、未来に影響はありません。未来に影響がなければ、業が尽きます。業が尽きれば、苦が尽きます。苦が尽きれば、受が尽きます。受が尽きれば、あらゆる苦が壊滅するでしょう。

（『中部』一〇一経「デーヴァダハ経」）

道徳否定論や唯物論などと異なり、ジャイナ教は業と輪廻の世界観を認めたうえで、①現世での苦楽はすべて過去世の業が原因であり（宿作因論）、②その業を苦行によって破壊し、新しい業をつくらないよう自己制御すれば宗教的完成を得ることができる（苦行論）、という二点を説いている。

　このうち、①宿作因論に対してブッダは、「前世でつくられた因によって殺生者や泥棒になってしまうことになり、それでは意志や努力が生まれない」という点から批判しているが（『増支部』三集六一経）、ジャイナ教を宿作因論と決めつけるのは仏教の誤解である。ジャイナ教は、確かに業（カルマ）を非常に重要視していたが、前項「決定論」で検討したように、現世における意志や努力の重要性を認めている。同様の誤解はジャイナ教側にもあり、仏教が業報輪廻を否定する無行為論者として批判されていたりもする。だが、両者がそれぞれこのような誤解に至った背景には、解脱を目指すにあたり、ジャイナ教では業の除去が重んじられ、仏教では煩悩の除去が重んじられていたことがあると言えるだろう。

　一方、②苦行論は、ジャイナ教の重要な要素であり、仏教の立場と著しく対立する。すなわち、ジャイナ教では、輪廻の主体として霊魂（ジーヴァ）があると説き、その霊魂にその古い業（カルマ）が付着して束縛しているので人は輪廻を巡ると説いた。苦行によってその古い業を払い落とし、不殺生などの誓いを守ることによって新しい業の流入を防ぐことで、霊魂が本性を発揮して解脱し、輪廻を終わらせることができるという。これに対してブッダは、苦行の無意味さを次のように説いている。

托鉢修行者たちよ、これら二つの極端に、出家者は近づいてはなりません。二つとは何でしょうか。〔すなわち、第一の極端は〕諸々の快楽の対象において快楽の喜びに耽ることであり、卑しく、下賤で、凡俗の者のすることであって、高貴な者のすることではなく、利益を伴いません。そして、〔第二の極端は〕自己を苦しめることに耽ることであり、苦であり、高貴な者のすることではなく、利益を伴いません。托鉢修行者たちよ、完成者が悟った中道は、これら二つの極端に近づくことなく、眼と知を生み、寂静・証知・悟り・涅槃に資します。

（律蔵「大品」初転法輪）

楽と苦の両極端を離れた中道とは、仏教の教えに基づいた〝生き方〟とされる。要はブッダの教えに従い正しく修行生活を送り、禅定によって知恵を磨き、業ではなく煩悩を断じることを目標にする、ということである。

このように、ジャイナ教と同じく、仏教も業と輪廻を受け入れ、そのうえで解脱して再生の繰り返しを終わらせることを目指したが、その方法論は両者で大きく異なっている。ジャイナ教は苦行によって業を滅することを目指したが、仏教では知恵による煩悩の滅を目指し、苦行による修行を無意味であると批判した。

ところで、仏教は、業による輪廻を信じていた以上、煩悩を断じても、過去世で積み上げてきた業は依然として残っているはずであるが、これがどうして不活性化するのであろうか。実はこの問いの答えこそが、ブッダの先駆性の一つであると考えられる。その詳細は第12章において述べる。

✝懐疑論

懐疑論を唱えるサンジャヤ・ベーラッティプッタも、六師外道として批判される。サンジャヤは、他人から(a)「来世が存在するか」などという質問を受けても、次のようにのらりくらりと曖昧な回答をした。

もしあなたが「来世は存在するのでしょうか」と私に質問したとき、もし私が「来世は存在する」と考えるなら、「来世は存在する」とあなたに答えるでしょう。ですが、私はそうだとは考えません。そうらしいとも考えません。〔それとは〕異なるとも考えません。そうではないとも考えません。そうではないのではないとも考えません。

（『長部』二経「沙門果経」）

この他にも、(b)「化生（卵や胎盤によらず忽然と生まれること）の生きものは存在するかどうか」、(c)「善・悪業の報いはあるのかどうか」、(d)「完成者（如来）は死後に存在するのか」という質問に対しても、同様に、のらりくらりと曖昧な回答を繰り返している。後代、サンジャヤの所論は「鰻のようにぬらぬらして捕えがたい議論」と呼ばれ、懐疑論に相当すると評されている。

ところで、このサンジャヤの懐疑論と、ブッダの無記との共通性を指摘する学者がいる。すなわち、ブッダは、異教徒たちから「完成者（如来）は死後に生存するのか」や「世界は無限なのか」などと質問されても、解答を与えることを拒否して沈黙を守った。先に見たように、これを無記と言う。これを受け、概説書においても、ブッダの無記は「わかりえない問いに対しては自覚的に不可知論の立場に立つべきこと」を示しており、「如来の死後にかんする見解を斥けるブッダの表現は、サンジャヤの懐疑論とよく一致している」

などと評されている（馬場紀寿『初期仏教』）。しかし、そのような評価は、テキストの正しい読解に基づいていない。

初期仏典に現れるブッダは、すべてをお見通しの一切智者であり、決して不可知論者ではない。すでに第4章の「無記と輪廻」でも論じたように、ブッダが無記の態度をとった理由は、異教徒によって〝間違った立てられ方をした質問〟だったからであり、それに回答すると質問者がかえって誤解を深める恐れがあったので沈黙を守ったにすぎない。実際、初期仏典を渉猟すると、サンジャヤが問われても煙に巻いた質問に対して、ブッダは仏教的に正しい思考法と回答を随所で提示している。(d)「解脱した者は死後に生存するのか」という質問を受け、ブッダは、個体存在を五要素（五蘊＝色・受・想・行・識）に分解したうえで、五要素それぞれが「未来に生起しない性質のもの」であると説明している（『中部』七二経「火ヴァッチャ経」）。つまり、「完成者（如来）となった五要素は、死後に生存しない」というのが正しい回答なのである。このように個体存在を分析して五要素に分解することが、解脱に資する仏教的な思考法なのであり、以上の分析を経ずに「生存する」「生存しない」とだけ答えることは、解脱に資さず、さらなる誤解を生む恐れがある。

残る三つの質問、(a)「来世は存在するのか」、(b)「化生の生ける者たちは存在するのか」、

（c）「善行・悪行の業の報いはあるのか」という質問に対しても、初期仏典では次のように明快な回答が与えられている（この他にも、『中部』一一〇経「小満月経」、同一一四経「従不従経」、同一一七経「大四十経」）。

王族よ、この根拠によっても、あなたは次のように考えるべきです。「このことによっても、来世はある。化生の生ける者たちはいる。善行・悪行の業の報いはある」と。
（『長部』二三経「パーヤーシ経」）

このように、ブッダは決して不可知論者ではない。ブッダは一切智者として、懐疑論者を破折《はしゃく》しているのである。懐疑論者サンジャヤが回答をはぐらかした四つの問いに対する、仏教の回答は次のようになる。

（a）来世は存在するのか。　回答：する。
（b）化生の生ける者たちは存在するのか。　回答：する。
（c）善業・悪業の報いはあるのか。　回答：ある。

(d) 完成者（如来）は死後に生存するのか。　　回答：しない。

†沙門ブッダの特徴

本章において検討してきた六師外道の所論と、それに対するブッダの論駁を検討すると次のような特徴を知ることができる。

① バラモン教に対抗する形で現れた沙門たちの間では、業と輪廻の世界観と、輪廻する主体としての自己原理（アートマン）とを受容するか、あるいは拒絶するかで見解が分かれている。これを受け入れず拒絶した沙門には、人が地・水・火・風という四元素から成り立つという唯物論者や、地・水・火・風・苦・楽・命の七要素から成り立つ要素論者がおり、彼らは、この現象世界を構成する要素がお互いにいかなる影響も与えずに独立して存在すると考えた。古代インドにおける道徳は悪因苦果・善因楽果という業報輪廻のうえに成り立っている以上、彼らはおしなべて道徳否定論者でもあり、「鋭い剣で頭を断ち切っても、誰も誰の生命を奪うことにならない。ただ七つの集合の間にある裂け目にそって剣が落ちるだけ」などと主張した。

一方、ブッダは、業と輪廻の世界観を受け入れながらも、自己原理（アートマン）の存在を否定した。ブッダは、個体存在が五要素（五蘊＝色・受・想・行・識）からなり、それぞれの要素がお互いに影響し合うと説いた。この五要素のなかに善悪業（行）とその果報（受）が含まれていることで、唯物論や要素論に陥ることのない仏教独自の無我説が確認される。

② 業と輪廻の世界観を受容するにしても、その具体的なあり方について、沙門たちの間で見解が異なっている。輪廻する回数はあらかじめ決まっていて努力（善業）をしても意味がないとするアージーヴィカ教や、現在の境遇はすべて過去の業によって定められているという宿作因論も現れた。これらの所論に対しブッダは、現世における努力や精進が重要であるという立場をとった。

③ また、ジャイナ教の苦行論も批判の対象となった。ジャイナ教においては、バラモン教のアートマンに相当する生命（ジーヴァ）に、業（カルマ）が錆のように付着しており、それを苦行によって払い落とす必要があると説く。これに対しブッダは、苦行の無益さを説き、極端な楽と苦を離れた中道を歩む重要性を説いた。

④ 知識の限界や確かさに対する疑問も生まれた。懐疑論者は、古代インドの諸宗教に

おける関心事であった「来世は存在するのか」、「善・悪業の報いは存在するかどうか」、「完成者（如来）は死後に存在するのか」といった難問に対し、明確な回答を与えず、のらりくらり曖昧な回答を繰り返した。このような懐疑論を無記（沈黙）と結びつけ、ブッダを不可知論者と位置づける研究もあるが、これは誤りである。ブッダは不可知論者ではなく一切智者であり、初期仏典を注意深く読めば、これらの難問に対しても回答が与えられている。

第10章　ブッダの宇宙

ブッダは、無から仏教を発明したわけではない。当時のインド諸宗教の前提を受け継ぎ、それを批判し乗り越えるかたちで仏教は生まれた。

続いて本章では、バラモン教や沙門宗教における解脱と宇宙の関係を、ブッダはどのように再解釈して取り込んだのかを考察したい。

†梵天と解脱

バラモン教が奉じるヴェーダ聖典の新層（ウパニシャッド）において、人々の最終目標は、来世で天に再生すること（生天）から、天における不死を得て輪廻を終極させること（解脱）に移った。バラモン教においてこの解脱は、自己原理（アートマン）を解き放ち、宇宙原理である最高神ブラフマンの世界に合一することで得られる。これを梵我一如という。

仏教は、解脱して輪廻を終極させるというアイデアを採用しながらも、バラモン教の宇宙論を再解釈する。

ブッダが語った宇宙の姿は、次のようなものである。我々が住む天地は、無始の過去から破壊と創造を繰り返しており、破壊の後、天地が再び創造される際には、最初にブラフマンが住む世界（大梵天）が現れる。そのため、ブラフマンは自分自身が創造神であるかのように錯覚し、後から生まれた者たちは先にいたブラフマンを恒常不変の不死なる存在であると誤解してしまった。つまり、バラモン教がブラフマンを最高神や宇宙原理と評価してしまっているのは、宇宙のありようを近視眼的にしか見ていない結果であり、繰り返される宇宙の生滅を俯瞰して見れば、ブラフマンは中級の階層に属する神にすぎない。これが仏教におけるブラフマン観である（『長部』二四経「パーティカ経」）。

よって、バラモン教では、宇宙原理である最高神ブラフマンの世界に合一することによって死後に天における不死を得ることができると錯覚しているが、実はそれは中級の天界に再生することであって、決して不死ではなく、寿命が尽きれば地上に戻らざるを得ない——というのが仏教の主張である。

ブッダは、ヴェーダ聖典に基づく実践は無意味であると説くものの、梵天（ブラフマンの世界）への再生を願うことそのものは否定せず、四梵住（四無量心）という仏教独自の修行方法を提唱する。四梵住とは、慈・悲・喜・捨を伴った心を四方角・上下左右の一切の方向に傾け、その一切を自らのものとして認識する瞑想である。

彼は、慈（・悲・喜・捨）を伴った心によって一つの方向を満たして過ごします。同様に第二、同様に第三、同様に第四〔の方向を満たして過ごします〕。このように、上に、下に、横に、一切方に、一切を自分のものとして、あらゆる世間を、慈（・悲・喜・捨）を伴った、広く、大なる、無量の、恨みなき、害意なき思いによって満たして過ごします。

（『長部』一三経「三明経」）

この四梵住を実践すると、過去に悪業を犯していてもそれが滅し、来世では梵天に再生することができる。この四梵住は、新層ヴェーダ聖典（ウパニシャッド）に説かれるブラフマンの念想にきわめて類似している。すなわち、宇宙原理であるブラフマンとは、四方角など現象世界と、眼・鼻・耳・意などの個体存在との一切であり、それを正しく認識することで過去の悪業が滅され、死後に繁栄を勝ち取ることができるという（『チャーンドーギヤ・ウパニシャッド』四章五・一―一五・五）。

以上からわかるように、仏教は、バラモン教が築き上げてきた宇宙論を全否定するのではなく、自らの優位性を示せるように再解釈していたのである。

†生天と祭祀

バラモン教では、ヴェーダ聖典に記された祭祀を実行することで、人々は来世で天界に再生できると説いた。裏を返せば、人々が来世の繁栄を手に入れるためには、司祭階級が独占する祭祀を実行してもらわなければならず、そのためには、多額の布施が必要であった。ブッダが登場した頃には、善業によって天界に生まれるという業報輪廻の思想が浸透していたが、そもそもバラモン教における善業とは「祭祀の実行」に他ならない。ヴェーダ聖典において、業（カルマ）という語は、主として「祭祀」を意味していた。よって、人助けなどの道徳的な行為をいくらなしても、祭祀を実行しなければ、バラモン教にとってその人は生天に値しない。

十悪			十善
1	殺生	⇔	1 殺生をしないこと
2	盗み	⇔	2 盗まないこと
3	邪な性行為	⇔	3 邪な性行為をしないこと
4	虚言の言葉	⇔	4 虚言の言葉を断つこと
5	中傷の言葉	⇔	5 中傷の言葉を断つこと
6	粗暴な言葉	⇔	6 粗暴な言葉を断つこと
7	駄弁の言葉	⇔	7 駄弁の言葉を断つこと
8	貪欲さ	⇔	8 貪欲にならないこと
9	怒り	⇔	9 怒らないこと
10	邪な見解	⇔	10 正しい見解

図2　十悪と十善

この構造を仏教はどのように再解釈したのであろうか。

仏教における業（カルマ）という言葉は、善悪の行為一般の意味で用いられるが、あくまで仏教信仰が前提となっている。初期仏典に頻出する代表的な善悪の行為として、殺生などの十悪（十不善業道）と、不殺生などの十善（十善業道）の二つが知られるが（図2）、このうち十善とは、単に善い行為を意味するのではなく、とりわけ出家者が保ち守るべき戒（習慣）を意味している（『中部』四一経「サーレッヤカ経」、『増支部』三集一一五経）。

たとえば、十善（十善業道）の最初に置かれる「殺生をしないこと」とは、殺生をしない状態が常に善なのではなく、仏教に帰依し出家する際に「生き物を殺しません」と誓いそれを守ることこそが善なのである。

そして、最後に置かれた「正しい見解」とは、端的に仏教的な正しい知識を意味している以上、仏教外の信仰を抱くことは「邪な見解」として悪である。

よって、どれだけ立派な人格者であったとしても、仏教以外の信仰を持つ限り、程度の差こそあれ悪を犯していることになる。このように、ブッダは、業（カルマ）の意味を、祭祀から行為に転換したが、あくまで仏教信仰を前提とした倫理思想である点には注意を払わなければならない。

したがって、仏教における業（カルマ）の善悪は、「悪口を言わない」「人の物を盗まない」などを推奨して人倫の維持に寄与している一方、宗教的な面からすれば、仏教への信仰は善であり、異教への信仰は悪という非常に単純な構造になっている事実は揺らがない。ブッダは、「生まれ」ではなく「行い」によってこそ、その人の貴賤が決まると主張したが、まさに仏教を誹謗《ひぼう》する者こそが賤民であるという。

ブッダを誹謗し、あるいはまたその弟子の遊行者や在家者を〔誹謗する〕者――その者こそ賤しい人であると知れ。

（『スッタニパータ』一三四偈）

ブッダや仏弟子たちに逆らうことは大罪である。この大罪は業報輪廻の公理に則り制裁が下される。ある悪魔が小石を投げて仏弟子を傷つけたところ、その場で地中に呑み込まれて地獄に堕ちたという教えも残されている（『中部』五〇経「降魔経」）。

†瞑想と悟り

このように、仏教は忽然と生まれたのではない。バラモン教を頭ごなしに否定するのではなく、彼らが築き上げた世界観を前提として引き継ぎつつ、それを再解釈し、仏教の優位性を示す文脈に改めている。

これと同様の再解釈は、当時の沙門宗教に対しても起きている。ブッダは、ジャイナ教などの沙門宗教の所説を無益だと否定する一方で（第9章）、それを取り込んで自らの優位性を示す例もある。

たとえば、当時の沙門宗教では、瞑想して心を静めることで宗教的完成を得ることができると考えられていた。これについて、遍歴行者サクルダーイとその弟子たちが最上の瞑想だと思い込んでいた境地は、実は色界第三禅という境地にすぎず、それよりも優れた瞑

無色界	⑧非想非非想処	想が無く、また想が無いのでも無いという微妙な境地。
	⑦無所有処	識すらも消えた境地。
	⑥識無辺処	虚空を超えた「識は無限である」という境地。
	⑤空無辺処	物質を超えた「虚空は無限である」という境地。
色界	④第四禅	肉体的な楽も消え、平安さのみが残る。
	③第三禅	精神的な楽が消え、肉体的な楽だけがある。
	②第二禅	余念が消え、精神的・肉体的な楽がある。
	①初禅	余念が残っており、精神的・肉体的な楽がある。

表3　瞑想の境地

想の境地（色界第四禅）があると、ブッダによって喝破されている（『中部』七九経「小サクルダーイ経」）。仏教では、瞑想の境地には、色界（物質要素がある境地）に四段階と無色界（物質要素がない境地）に四段階という計八段階があると考えられている（表3）。

このうち、最も深い瞑想である⑧非想非非想処と、その次に深い瞑想である⑦無所有処が、仏教独自の発見でないことは、ブッダ自身が認めている。初期仏典によれば、まだブッダが悟りを得るために修行していた頃、アーラーラ・カーラーマという名の遍歴行者から無所有処の境地を、ウッダカ・ラーマプッタという名の遍歴行者から非想非非想処の境地を習得したと記されている。しかし、ブッダは、無所有処にも非想非非想処にも満足せず、いずれの境地も「正しい悟りのためにならない。涅槃（解脱）のためにもならない」と批判した。なぜなら、たとえそれを習得したとしても、輪廻の枠内にあり、来世はその境地に対応する天界に再生するに留まるというのである（『中部』二六経「聖求経《しょうぐ》」）。

以上の初期仏典の記述から、瞑想と輪廻と解脱の関係が浮き彫りになる。本章の「梵天と解脱」において検討したように、バラモン教では、梵我一如を体現することにより、死後にブラフマンの世界に合一し不死を得るべきことが説かれている。これを仏教では、色界第二禅に相当する瞑想を完成させることで死後にブラフマンの住む世界に再生できるが、そこは不死の領域ではなく、業報輪廻の枠内にある天界の一つ（大梵天）にすぎないと書き換えるのである。

同様に、一部の沙門や遍歴行者たちが、解脱そのものだと主張する無所有処や非想非非想処などの瞑想の境地もまた、仏教からしてみれば解脱ではない。そのような高度な瞑想を完成させたとしても、死後にはその瞑想に応じた天界に再生できるだけであり、その天界も不死の世界ではなく、業報輪廻の枠内に留まっている。

ここからわかるように、仏教では、この無所有処や非想非非想処を、最も深い瞑想の境地として位置づけながらも、それは解脱の境地ではないと考える。むしろ、深すぎる瞑想の境地は、鋭い洞察力が鈍ってしまうため、悟りを得るのに適していないとするのである。初期仏典の記述によれば、ブッダは、初禅から非想非非想処に至るまですべての瞑想に自在でありながらも、第四禅に基づいて悟りを得たと理解されている（『中部』四経「恐怖経」）。このように、仏教においても瞑想は重要な修行徳目として採用されているが、それは現象世界を分析して悟りの知恵を起こすための手段としてである。

日本における上座部仏教の伝播に伴い、サマタ瞑想とヴィパッサナー瞑想というセットに、一般人も触れる機会が多くなっている。このうち、サマタは、「精神集中」を深める瞑想そのものであり、これを通して初禅から非想非非想処に至ることになる。これに対し、ヴィパッサナーは、「悟りの知恵」であり、厳密には瞑想そのものではなく、瞑想を通じて起こす洞察力（知恵）である。つまり、サマタ瞑想を深めるだけでは悟りを得ることはできず、解脱するためにはヴィパッサナー瞑想で知恵を磨く必要がある。

†現象世界と解脱

本章をまとめよう。ブッダは、当時に栄えていた諸宗教の教義を取り込み、自らの優位性を示すように再解釈し、新たな宇宙を構築した。

古代のインド諸宗教では、瞑想を深めることで宗教的完成に達し、死後に不死が得られるという思想的な共通基盤があった。バラモン教では、梵我一如を覚知すれば死後にブラフマンの世界に合一して不死を得ることができると考えた。アーラーラ・カーラーマは無所有処こそが解脱の境地であり、ウッダカ・ラーマプッタは非想非非想処こそが解脱の境地であるとして、瞑想してその境地に入ることで、輪廻を終極させられると主張した。これに対してブッダは、諸宗教が「修行の完成である」と主張する瞑想の境地が、実は業報輪廻の枠組みのなかに留まるものであると看破した。ブラフマンの世界は大梵天と呼ばれる中級の天界の一つにすぎない。非想非非想処や無所有処などの高度な瞑想を得たとしても、死後にそれに相応した天界に再生できるだけで、そこは決して不死の領域ではなく、輪廻の終極ではない。

ブッダは、当時のバラモン教や沙門宗教が解脱だと信じているものが、実は輪廻の終極ではなく、天と地を往復循環する現象を近視眼的にしか見ていなかった錯誤であるとして新たな宇宙論を提示した。そして、当時主流だった「瞑想を深めて現世で宗教的完成を得て、死後に天界で不死を得る」という形では解脱できないと批判し、同様に苦行によって解脱を得るというジャイナ教の修道論もまた批判したことは、当時のインド諸宗教に対する仏教の優位性と独自性を誇示せんとした結果である。

それでは、ブッダによる宇宙と解脱の関係はどのように説明されるのであろうか。

ブッダは、いずれの天界であろうとも現象世界の内側にいる限り解脱（不死）はあり得ないと考えた。つまり現象世界の外側に解脱を求めた。この姿勢は、バラモン教が「天界での不死」を目指したことと対照的である。

仏教の理解に基づくなら、天界に再生することが叶い、長寿と繁栄を享受できたとしても、それは現象世界の内側にあるため決して不死ではなく、そこで死ねば再び苦難の多い地上に戻らなければならない。ブッダは、現象世界との関わりが断たれたことこそ解脱の境地であると考え、それを得るためには現象世界を分析して正しい知恵を起こす必要があると説いた。一切皆苦（現象世界のすべては苦しみである）、諸行無常（現象世界を構成する諸要素は因果関係をもって変化し続ける）、諸法無我（一切の存在のうち恒常不変なる自己原理に相当するものはない）という、よく知られたブッダの教えは、現象世界の正しいあり方を端的に示している。

「すべての現象は無常である」と、知恵により見るとき、苦を厭離《おんり》する。これが浄《きよ》らかさへの道である。

「すべての現象は苦である」と、知恵により見るとき、苦を厭離する。これが浄らかさへの道である。

「あらゆる存在は自己ではない」と、知恵により見るとき、苦を厭離する。これが浄らかさへの道である。

（『ダンマパダ』二七七―二七九偈）

無我の発見

ブッダは、当時のバラモン教やその他の沙門宗教が主張していた瞑想や苦行を否定して、知恵により現象世界のあり方を正しく認識することで解脱できると主張した。それでは、ブッダが発見した現象世界のあり方とはいったい何なのであろうか。その一つが、自己原理（アートマン）が存在しないという「無我」の発見である。

一方で業報輪廻の世界観を受け入れるならば、いったい何が輪廻しているのかという疑問が必然的に起こる。輪廻流転するなかで人や動物などさまざまな形態をとりながらも、自己一貫性がどのように保たれるのかという問題である。これを合理的に説明するために、バラモン教では、恒常不変の自己原理が存在し、それこそが輪廻の主体であると主張する。ジャイナ教も、この自己原理に相当する恒常不変の霊魂（ジーヴァ）の存在を想定する。

それではブッダは、どのように、生きとし生ける個体存在を分析することで「無我」を唱えたのであろうか。そして、この無我は、インド思想史においてどのような独自性があったのであろうか。

†個体存在の分析

ブッダは、生存する個体存在の成り立ちを分析し、これが五要素（五蘊＝色・受・想・行・識）から構成されると説いた（図3）。そして、その五要素のいずれも、自己原理（我＝アートマン）ではあり得ないという。

【ブッダ】「托鉢修行者たちよ、次のことをどう考えますか。色〔・受・想・行・識の五要素〕は常でしょうか、それとも無常でしょうか」。
【弟子】「無常です、尊師よ」。
【ブッダ】「では、無常であるものは苦でしょうか、それとも楽でしょうか」。
【弟子】「苦です、尊師よ」。
【ブッダ】「では、無常であり、苦であり、変化する性質であるものを、「これは私のものである。これは私である。これは私の自己である」と見なすことはふさわしいでしょうか」。

【弟子】「ふさわしくありません、尊師よ」。

（『相応部』二二章五九経）

・色＝物質からなる肉体
・受＝苦楽の感受作用
・想＝概念・表象をつくる作用
・行＝意志的作用
・識＝認識・知覚する作用

図３　個体存在の分析

バラモン教において、恒常不変である自己原理は、「老いない」「死なない」「恐れない」といった属性を持つ安楽なものとして説かれる。ジャイナ教においても、自己原理に相当する霊魂（ジーヴァ）は、恒常不変であり、本質的には清浄なものであると理解されている。これに対してブッダは、個体存在を構成する五要素（五蘊）に分解し、そのいずれも変化し壊れるという属性（無常）を持つゆえに苦であるから自己原理ではあり得ない、つまり無我であると主張した。

†バラモン教や唯物論者との違い

このように、ブッダは、諸要素が組み合わさり個体存在が成り立っているのであって、自己原理は存在しないことを突き止めた。バラモン教においても、己が個体存在を眼や心理作用などの諸要素に分解するという思惟がなされているが、自己原理がそれら諸要素を統轄する究極要素として言及される（『ブリハッド・アーラニヤカ・ウパニシャッド』三章七・一―二三）。それに対して仏教の五要素説（五蘊）では、それぞれの要素が等価のものとして言及され、それらをまとめ上げ統轄するような何かは想定されない。

続いて問題となるのは、唯物論者たちの要素論との違いである。唯物論者たちもまた、個体存在が地・水・火・風という四元素から成り立つとして自己原理の存在を否定しているが、ブッダはこれを厳しく批判している。第9章においても言及したように、仏教と唯物論の根本的な違いは、業と輪廻を認めるか否かである。仏教は、個体存在を統轄する自己原理を否定しながらも、業報輪廻を認めた。この点が他に類を見ない特色である。バラモン教やジャイナ教にあっては、自己原理や霊魂という業報輪廻の主体者を想定し、それこそが善悪の業をつくる主体であり、その業の報いを受ける主体であると考えられていた（表4）。悪因苦果・善因楽果という業（カルマ）の思想によって人倫が基礎づけされていた事実も見逃してはならない。

この仏教と唯物論者の要素論の差は、精神活動を個体存在の構成要素として数えるかどうかに明瞭に現れている。唯物論者は個体存在を、物質（地・水・火・風の四元素）からのみ成り立つと考える。一方、ブッダの五要素論（五蘊）は、物質からなる肉体（色）のみならず、苦楽の感受作用（受）、概念や表象をつくる作用（想）、意思的作用（行）、認識作用（識）などの精神活動をも、個体存在の構成要素のなかに含めている（『相応部』二二章五六経）。このように、精神活動が個体存在の構成要素であることを否定することなく、かといって肉体と精神活動が、自己原理の下に活動しているとみるのでもなく、それぞれが互いに影響し合いつつ独立して個体存在を構成しているとするのである。

このような個体存在のあり方を、ブッダは、「車」に譬えている。すなわち、車輪や頸木《くびき》といった部品が集まって「車」という呼称が初めて生まれるのであって、車を車たらしめる車原理のようなものが存在しているのではない。同様に、我々の個体存在もまた諸要素が集まって「人」という呼称が生まれているだけであって、人を人たらしめる何か自己原理があるわけではないというのである。

	自己原理	業報輪廻
バラモン教	○	○
ジャイナ教	○	○
仏教	×	○
唯物論者	×	×

表4　仏教の特色

いったいどうして「人〔を人たらしめる原理〕がある」と信じるのか。魔よ、あなたには執見がある。これは構成因子の集積にすぎない。ここに「人〔を人たらしめる原理〕」は得られない。

あたかも部品が集まって車という呼名が起こるように、諸々の要素（蘊）が存在すれば、「人」という俗称が起こる。

（『相応部』五章一〇経）

†ブッダは「真の自己」を認めたのか

ブッダが「自己は存在しない」という無我説を唱えたことはつとに知られる。しかし、仏教学の泰斗である中村元は、最初期の仏教においては「それは自己（我＝アートマン）ではない」（非我）と繰り返すだけで、「自己は存在しない」（無我）とまでは断定されておらず、むしろ自己を重視する記述が確認されると結論づけた。つまり、ブッダは、バラモン教と同じく有我の立場をとり、「真の自己」の存在を認めていたというのである。その根拠とされる資料は次のようなものである。

自己に等しい愛しいものはない。穀物に等しい財宝はない。
知恵に等しい光はない。雨は最高の水流である。

（『相応部』一章二品三経）

自己こそが自己の主である。他の誰が主になるだろうか。
よく調御された自己によってこそ、得がたい寄る辺（主）を得る。

（『ダンマパダ』一六〇偈）

このように、確かに初期仏典には、「自己に等しい愛しいものはない」とか、「自己こそが自己の主である」などの教えが説かれている。だが、この「自己」（S. アートマン／P. アッタン）という語を、バラモン教が想定する恒常不変の自己原理と結びつけて解することは妥当ではない。自己原理を意味するアートマン（P. アッタン）という語は、広義には単に「私」を意味する名詞である。したがって、ブッダが「自己」や「私」という語を使ったからといって、それが自己原理の実在を前提にしているわけではない。事実、初期仏典のなかでブッダは、そのような誤解を起こさないように注意喚起している。

チッタよ、これら〔「粗い自己」「意から成る自己」「非物質的な自己」という三種の自己の獲得と〕は、世間における通称であり、世間における言語であり、世間における表現であり、世間における仮名です。完成者は、執著することなく、それらによって説きます。

（『長部』九経「ポッタパーダ経」）

上記一節の直前には、ブッダが説法するにあたり「自己の獲得」という表現を用いているくだりがある。ここで重要なのは、ブッダが「自己の獲得」という表現を用いていたとしても、それはあくまで世間の慣習に従った通称にすぎないのであって、自己原理の実在を前提としているわけではない、ということである。

かかる注意喚起がブッダによってなされている理由は、現代において中村元など仏教学者たちが犯してしまったように、古代においても一部の仏弟子たちが「自己や私という言葉を使っている以上、ブッダは何らかの自己原理の実在を認めていたに違いない」という誤解を起こしていたからであろう。次の初期仏典では、煩悩を断ったブッダが「私」という語を用いていたとしても、自己原理があると妄想しているわけではなく、単に表現として用いているだけであると明言されている。

【神格】「阿羅漢（悟った人）となり、なし終え、諸々の煩悩が尽きた、最後身を保つ托鉢修行者は、托鉢修行者であるのに慢に近づいて、「私は話す」と語るであろうか。そして、「彼らは私に話す」と語るであろうか」と。
【ブッダ】「慢を捨断した者に縛りはない。その者の慢の縛りは、すべて滅ぼされている。妄想を超えた、かの賢者は、「私は話す」と語るであろう。そして、「彼らは私に話す」と語るであろう。巧みな者は、世間における通称を知り、表現としてのみ「私」と」言説するだろう」と。

（『相応部』一章三品五経）

†経験的自己と超越的自己

ところで、ヴェーダ聖典では、見聞覚知される経験的自己が否定され、見聞覚知され得ない超越的自己を追求すべきであるという文脈が見られる。これを仏教にも適用し、ブッダは見聞覚知される経験的自己を否定していたが、見聞覚知の対象にはならない超越的自己の有無については沈黙を守ったと主張する学者もいる（榎本文雄・桂《かつら》紹隆《しょうりゅう》）。

しかし、このような理解は、初期仏典の文脈を読み違えている。

ブッダは、個体存在を五要素（五蘊）に分解したのと同じように、現象世界の成り立ちを分析し、全宇宙が六つの認識器官（眼・耳・鼻・舌・身・意）と、それに対応する六つの対象（色・声・香・味・触・法）という十二要素（十二処）から構成され、その十二の要素いずれもが無常であり、恒常不変の自己原理ではないと主張した。

> 托鉢修行者たちよ、眼〔・耳・鼻・舌・身・意〕は自己ならざるものです。自己ならざるものは、「これは私のものではない。これは私ではない。これは私の自己ではない」とこのように、ありのままに、正しい知恵によって観察されるべきです。
>
> （『相応部』三五章三経）

> 托鉢修行者たちよ、諸々の色〔・声・香・味・触・法〕は無常です。無常であるもの

は苦です。苦であるものは自己ならざるものです。自己ならざるものは、「これは私のものではない。これは私ではない。これは私の自己ではない」とこのように、ありのままに、正しい知恵によって観察されるべきです。

（『相応部』三五章四経）

すなわち、自己原理を認める側にあっては、恒常不変の安楽なる自己（アートマン）こそが見聞覚知など認識の主体とされるが、仏教においてはそれら認識器官も眼や耳といった諸要素に分解され、無常であり苦であるから、そのいずれもが自己原理ではないと断言される。加えて、これら認識器官が認識する対象も、無常であり苦であるから、いずれも自己原理ではあり得ない。

ここで重要なのは、この十二要素の外側に、我々が認識できない超越的な何かが存在するわけではない点である。ブッダは、この十二要素（十二処）が宇宙を構成する〝一切〟であり、これ以外のものは存在しないと説いている（図4）。

托鉢修行者たちよ、あなたたちに、〝一切〟を教示しましょう。それを聞きなさい。

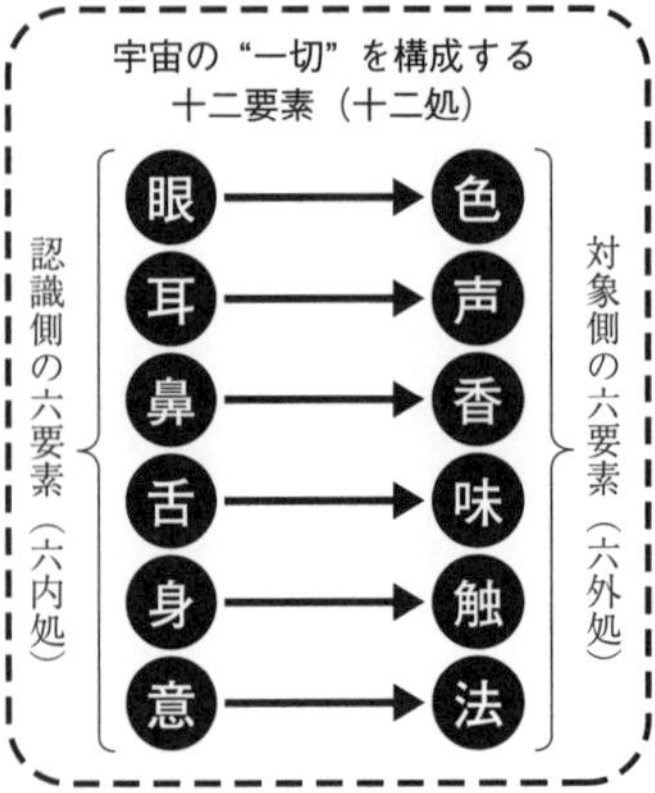

・眼＝見る器官
・耳＝聞く器官
・鼻＝嗅ぐ器官
・舌＝味わう器官
・身＝触れる器官
・意＝認識・知覚する能力

・色＝色や形を持つ物質存在
・声＝音や声
・香＝良い匂いや悪い臭い
・味＝甘さ辛さといった味わい
・触＝滑らかさ冷たさなどの感触
・法＝意識の対象となる概念など

図4　宇宙の分析

托鉢修行者たちよ、一切とは何でしょうか。眼と諸々の色、耳と諸々の声、鼻と諸々の香、舌と諸々の味、身と諸々の触、意と諸々の法——托鉢修行者たちよ、これが〝一切〟と言われます。

托鉢修行者たちよ、「私はこの〝一切〟を拒絶して、他の〝一切〟を示そう」と、このように主張する者がいれば、〔それは〕言葉だけを根拠としているものになるでしょう。〔それが何かと〕問われても、彼は答えられず、さらなる困惑に陥るでしょう。それの原因はなんでしょうか。托鉢修行者たちよ、〔認識の〕対象ではないものについてだからです。

（『相応部』三五章二三経）

したがって、「認識できないような超越的な何かは存在しない」というのが、初期仏典から後代の部派仏教に至るまでの一貫した考え方である。そして、〝一切〟である十二要素（十二処）がいずれも自己原理ではない以上、自己原理は存在しない。

†なぜブッダは自己原理の有無に沈黙したのか

このように、ブッダは恒常不変の自己原理の存在を否定した。

にもかかわらず、初期仏典のなかでブッダは、「自己（我＝アートマン）は存在しない」と断言することはなく、「それは自己ではない」と繰り返すのみだった。どうしてブッダは、「存在しない」と断言しなかったのであろうか。

このような断言を避けるブッダの態度を受け、一部の仏教学者は、自己原理（アートマン）の問題について沈黙することこそが一番正しい答えであると評価し、自己は存在するとも、存在しないとも主張しない世尊の教えを「中道」の立場に則ったものであると理解している（榎本文雄・桂紹隆）。つまり、「わかりえない問いに対しては自覚的に不可知論の立場に立つべき」という無記の立場が、自己の有無をめぐっても適用されるというのである。なるほど、確かにブッダは、異教の遍歴行者ヴァッチャゴッタから、自己の有無を問われても、次のように沈黙を守っている。

遍歴行者ヴァッチャゴッタは、世尊に次のように言った。「友、ゴータマよ、はたして自己はあるのでしょうか」と。このように言われて、世尊は沈黙した。「友、ゴータマよ、はたして自己はあるのでしょうか」と。二度目も、世尊は沈黙した。すると遍歴行者ヴァッチャゴッタは坐から立ち上がり出発した。

（『相応部』四四章一〇経）

しかしながら、ブッダの沈黙を不可知論と結びつけることは、仏教的文脈を無視している。そもそもブッダは一切智者であって不可知論者ではない。すでに第4章の「無記と輪廻」と第9章の「懐疑論」において述べたように、ブッダが沈黙（無記）の態度をとった理由は、異教徒によって〝間違った立てられ方をした質問〟に対して、「有る」「無い」などと断定して答えることで、質問者がさらに誤解を深めてしまうことを危惧したからである。自己の有無について、ブッダは次のように述べている。

その時、尊者アーナンダは、遍歴行者ヴァッチャゴッタが立ち去って間もなく、世尊に次のように言った。

【アーナンダ】「世尊よ、いったいどうして世尊は、遍歴行者ヴァッチャゴッタが質問しても〔それに〕答えなかったのですか」と。

【ブッダ】「アーナンダよ、遍歴行者ヴァッチャゴッタに「自己はあるのでしょうか」と問われて、「自己は存在する」と答えたならば、アーナンダよ、常住論を唱える沙門・バラモンたちのそれと同じになってしまうでしょう。またアーナンダよ、遍歴行者ヴァッチャゴッタに「自己は無いのでしょうか」と問われて、「自己は存在しない」と答えたならば、アーナンダよ、断滅論を唱える沙門・バラモンたちのそれと同じになってしまうでしょう」。

（『相応部』四四章一〇経）

「自己は存在する」と回答することで陥る常住論とは、「自己と宇宙が恒常に続く」という見解であり、これは無常を説く仏教の立場と相反している。そして、「自己は存在しない」と回答することで陥る断滅論とは、「個体存在が地・水・火・風という四元素から成り立ち、死後の世界など存在せず、死ねば雲散霧消する」という見解であり、これは五要素（五蘊）からなる個体存在が業報輪廻するという仏教の立場と相反している。

すなわち、「自己は存在するのか」という質問そのものが、仏教的に正しい立てられ方をしていないのである。仏教の立場においては、個体存在を観じてそれを五要素（五蘊）に分解し、そのいずれも自己ならざるものであることを覚知することが重要なのであり、その過程を経ずに、自己の有無だけを直截に判断したのでは、常住論や断滅論を唱える異教徒たちと同じになってしまう。

もちろん、この仏教の立場が「自己は存在しない」という無我説に立脚していることは言を俟たないが、個体存在を五要素（五蘊）に分解することなく「自己は存在しない」とだけ結論づけることは、異教徒たちが唱える断滅論と同じものに陥ってしまうのである。

†ブッダの無我説

以上、ブッダの無我説は次のようにまとめられる。ブッダは、個体存在が五要素（五蘊）から成り立ち、そして現象世界が主観の六要素（六内処）と対象の六要素（六外処）

から成り立つと分析し、そしてそのいずれの要素も無常であり苦しみに満ちているゆえに、ヴェーダ聖典に説かれる恒常不変で安楽なる本質を持つ自己原理ではあり得ないと結論づけた。ところで、個体存在と現象世界を諸要素に分解したうえで、そのいずれもが「自己ではない」ということは、ここから「自己は存在しない」という無我説が導かれる。

インド諸宗教において、輪廻の主体である恒常不変の自己原理を否定したのは、唯物論者と仏教だけであった。唯物論者が、物質からのみ個体存在が構成されると説き、業報輪廻の存在を認めず、結果として道徳否定論者であったのに対し、ブッダは、感受作用（受）や意思的作用（行）などの精神的要素も個体存在を構成していると説き、無我を説きながらも業報輪廻のなかに個体存在を位置づけることに成功した。これは他には見られない、ブッダの創見であると評価できる。

第12章　縁起の発見

前章では無我について考察した。これは個体存在のありようをいわば空間的に分析するものであった。それに対し本章で考察していく縁起は、輪廻する時間軸に沿って個体存在を分析するものである。

縁起とは「縁《よ》りて起こる」という意味である。「AがあればBがあり、BがあればCがあり……」という連鎖が輪廻する個体存在のありようを、そして「AがなければBがなく、BがなければCがなく……」という連鎖が悟りへと向かう個体存在のありようを明らかにしたものとして、初期仏典の随所にこの縁起の教えが説かれている。

また、この縁起はブッダの悟りの内容そのものであると初期仏典に記されている。また悟りを得る前の菩薩であったブッダは、どうすれば輪廻の苦しみから出離できるかを分析した結果、老いと死の苦しみの生じる根本的原因が無知であること、そしてその無知を断じればその苦しみを終極させることを発見し、悟りを得た（『相応部』一二章一〇経）。また、悟りを得た直後に、ブッダは、菩提樹下で縁起を観察して過ごし、解脱の喜びを味わったという（律蔵「大品」）。

このため、この縁起は、古来より仏教思想の根幹をなす教えであると理解されてきた。これを端的に示す記述が初期仏典に残されている。アッサジという仏弟子が、ある異教徒から「あなたの師はどんな人でどんな教えを説いているのですか」と問われたときに、次の詩をもって答えた。

およそ諸存在は、原因から生じるものである。完成者（如来）は、それらの原因を語られた。また、それらの滅尽も〔語られた〕。偉大なる沙門はこのように説いた。

（律蔵「大品」）

この詩を聞くや否や、その異教徒は悟りの知恵を起こし、仏教に転向した。縁起の教えを要約したこの詩は伝統的に「縁起《えんぎ》法頌《ほうじゅ》」と呼ばれ、これを記した板碑を仏塔に奉納しそれを崇拝する運動が六世紀から一二世紀ごろのインド仏教において起こった。すなわち、恒常不変な自己原理のようなものは存在せず、万物が生じるのも滅するのも何らかの原因に基づいていること、それこそをブッダは発見したと評価されてきたのである。

†縁起の順観と逆観

初期仏典のなかで縁起は、さまざまな形をとって説かれる。そのため、縁起の教えの原型がどのようなものであったのかについては古来議論がある。また縁起の教えが何を意味するのかについてもさまざまに解釈されてきた。

大正から昭和初期にかけて、和辻哲郎や宇井伯寿といった学者によって、業と輪廻から切り離された〝縁起説の論理主義的解釈〟なるものがもてはやされ、学界に大きな影響力を与えた。だが、このような縁起理解は、近代というイデオロギーに毒され過ぎていて、本来の意味を見失っている。ブッダは、輪廻の苦しみを終わらせる方途を探した結果、縁起を覚知したのであって、業と輪廻の世界観は当然の前提である。

それでは縁起は、具体的にどのように初期仏典のなかに説かれているのであろうか。数あるバリエーションのなかで最も代表的なものは「十二支縁起」と呼ばれるものである。それぞれの支分は、初期仏典では次のように説明されている（『相応部』一二章二経）。

①無知（無明）……現象世界や仏法に対する無知。
②意思的作用（行）……身・語・意でなされる善悪の行い。
③認識（識）……眼識、耳識、鼻識、舌識、身識、意識。
④名称と形態（名色）……名称＝精神的要素、形態＝肉体的要素。
⑤六つの認識器官（六処）……眼、耳、鼻、舌、身、意。
⑥接触（触）……六つの認識器官が対象に到達すること（眼触、耳触、鼻触、舌触、身触、意触の六触）。
⑦感受（受）……眼触など六つの接触から生じる感受。
⑧渇望（愛）……認識対象（色・声・香・味・触・法）に対する渇望。
⑨執著（取）……欲望の対象に対する執著、誤った見解に対する執著、誤った習慣に対する執著、自己に対する執著。
⑩生存（有）……現象世界にいる生存。
⑪誕生（生）……来世に生まれること。
⑫老いと死（老死）……年を取り死ぬこと。

この十二支縁起には、順観と逆観という二種類の観察がセットになって説かれる。まず、順観とは次のようなものである。

①無知という原因から②意思的作用が生じます。②意思的作用という原因から③認識が生じます。③認識という原因から④名称と形態が生じます。④名称と形態という原因から⑤六つの認識器官が生じます。⑤六つの認識器官という原因から⑥接触が生じます。⑥接触という原因から⑦感受が生じます。⑦感受という原因から⑧渇望が生じます。⑧渇望という原因から⑨執著が生じます。⑨執著という原因から⑩生存が生じます。⑩生存という原因から⑪誕生が生じます。⑪誕生という原因から⑫老いと死、憂い・悲しみ・苦しみ・悩み・愁いが生じます。このように、この一切の苦しみの集まりの生起があります。

（『相応部』一二章一経）

すなわち、①無明を原因として②意思的作用が生まれ、その②意思的作用を原因として

③認識が生まれ……という因果の連鎖によって個体存在が輪廻を巡り、最終的に⑫老いと死という苦しみを味わうというのである。それぞれの支分は輪廻する過程での象徴的要素を顕しているため、たとえば、③認識を原因として④名称と形態が生まれるなど、いくつかの因果関係は、そのままでは理解しがたい。後代の注釈では、③認識とは「受胎した瞬間」であり、④名称と形態とは「妊娠している間」であるなどと説明される（『清浄道論』）。本書では、それぞれの支分についての細かな議論には立ち入らない。重要なのは、輪廻の苦しみがどのように生じているのかを分析し、その根本原因が①無知であると突き止めたものが縁起説である、という点である。

この順観に対し、逆観は輪廻の苦しみを終わらせる道筋を観察したものである。

しかしながら、煩悩の汚れから離れることで①無知の残りなき滅により②意思的作用が滅します。②意思的作用の滅により③認識が滅します。③認識の滅により④名称と形態が滅します。④名称と形態の滅により⑤六つの認識器官が滅します。⑤六つの認識器官の滅により⑥接触が滅します。⑥接触の滅により⑦感受が滅します。⑦感受の滅により⑧渇望が滅します。⑧渇望の滅により⑨執著が滅します。⑨執著の滅により

⑩生存が滅します。⑩生存の滅により⑪誕生が滅します。⑪誕生の滅により⑫老いと死、憂い・悲しみ・苦しみ・悩み・愁いが滅します。このように、この一切の苦しみの集まりの滅尽があります。

（『相応部』一二章一経）

つまり、①煩悩とともに無明が余りなく滅されれば②意思的作用も滅され、②意思的作用が滅されれば③認識も滅され……という因果の連鎖を経ればこの輪廻の苦しみを終極させられる、というのである。

†煩悩・業・苦

このように、ブッダは、輪廻する個体存在のありようを観察し、まず順観において、輪廻の根本的原因が無知（無明）にあることを突き止め、そして逆観において、無明とそれに付随する煩悩を断じることで輪廻の苦しみも断じられることを発見した。これが縁起である。

ところで、どうして煩悩を断じると、業報輪廻が終極するのであろうか。それを探るために、煩悩・業・苦という三つの観点から縁起の特異性を検討していこう。これを十二支縁起に当てはめるならば、①無明＝煩悩、②意思的作用＝善悪業、⑫老死＝苦と解釈できる。

仏教が業報輪廻の公理を受け入れていることは、再三再四、本書において述べてきた。初期仏典のうちには、怒りなどの煩悩が残っているから、悪業をつくってしまい、結果、その業の報いとして来世で苦しみを受ける、という記述が散見される。

托鉢修行者たちよ、およそ貪によって作られ、貪より生じ、貪を原因とし、貪を集因とするその業は、その自体が生じるところにその業が報いをもたらし、その業が報いをもたらす現世あるいは来世あるいは来世以降において、その業の報いを感受します。

（続いて瞋《しん》と痴で同文が繰り返される）

（『増支部』三集三三経）

貪（貪欲さ）・瞋（怒り）・痴（愚かさ）は三毒とも呼ばれ、数ある煩悩の代表とされる。ここで説かれる「煩悩→業→苦」という縁起の順観に当たる構造――これは常識的で理解しやすく、同様の記述がジャイナ教の聖典などにおいても散見されるため、ブッダの創見とは言いがたい。一方、逆観にあたる煩悩・業・苦の関係は特殊であり、仏教の独自性がうかがえる。初期仏典には次のように説かれる。

托鉢修行者たちよ、およそ無貪によって作られ、無貪より生じ、無貪を原因とし、無貪を集因とするその業は、貪が消え去っていれば、同様にその業も断たれます。根本が断たれれば、ターラ樹の本を断つように、存在しないものにされ、未来に報いをもたらさない性質のものとなります。（続いて瞋と痴で同文が繰り返される）

（『増支部』三集三三経）

つまり、煩悩を断じれば、業が未来に報いをもたらす能力を失うという。仏教において、悟りを得て煩悩を断じることで、輪廻を終極させられると説かれたことはつとに知られる。だが、インド思想一般の公理としては、輪廻の直接原因は煩悩ではなく業である。この公理を仏教も受け入れており、来世を生み出すのはあくまで業である。ゆえに仏教は、どうして煩悩を断じることで、Ⓐ今後、業を積むことがなくなり、Ⓑ過去の業も不活性化するのか、という二点に答える必要がある。

このうちⒶに関して、「煩悩が原因となって業を積んでしまうので、煩悩を断じれば新たに業が積まれなくなる」という構造は、仏教のみならずインド思想一般で見られるものであり、理解しやすい。

一方、Ⓑの過去の業について、煩悩を断じることでこれも不活性化されるという構造は、そのままでは理解しがたい。この構造について、ブッダは次の譬えを語る。

【アーナンダ】「尊師よ、生存、生存と言われますが、尊師よ、一体どれだけによって生存があるのでしょうか」と。

【ブッダ】「アーナンダよ、欲界（欲望のある世界）で報いをもたらす業がないならば、はたして欲有（欲望のある世界に生まれる生存）は設定されるでしょうか」と。

【アーナンダ】「いいえ、そうではありません。尊師よ」と。

【ブッダ】「アーナンダよ、そのように、業は田であり、識は種子であり、渇愛は湿潤です。無知という障害と、渇愛という束縛とを抱く人々の識は、劣った世界に安住します。このように、未来に再有の生起があります」と。

（『増支部』三集七六経）

ここでは、業＝田、識＝種子、無明・渇愛＝湿潤という関係が説かれる。つまり、種子が芽を吹くためには田に蒔かれるだけでは不十分であり、湿潤という環境も揃わなければならないのと同じように、個体存在が来世に再生するためには業があるだけでは不十分であり、煩悩という条件も揃っていなければならない。裏を返せば、干上がった田で種子が芽吹かないのと同じように、いくら業が残っていても煩悩さえ断てば来世は生まれず、それこそが解脱である、というのである。同様の譬えは、別の初期仏典においても確認される（『相応部』二二章五四経、『増支部』三集三三経）。

ジャイナ教の縁起説

さて、ジャイナ教の聖典のなかにも、縁起の教えが説かれていることが、これまで研究者（松濤誠廉《まつなみせいれん》・渡辺研二）によってたびたび指摘されてきた。仏教とジャイナ教は同じ沙門宗教であり、思想基盤を共有している以上、似た教えが説かれることは奇異ではない。だが、ブッダの独自性を探求しようとする場合、類似点よりも、相違している箇所こそが重要になる。続いて、この相違に着目して、仏教の縁起説の特徴を探っていこう。

初期仏典とほぼ同時期に成立したジャイナ教の古層聖典には、次のように因と果の連鎖が説かれている。


武器はひとつひとつが互いに連関して成立しているのであり、非武器はひとつひとつが互いに連関しては成立していない。怒りをみるものは高慢をみ、高慢をみるものは偽りをみ、偽りをみるものは、貪りをみ、貪りをみるものは妄執をみ、妄執をみるものは、嫌悪をみ、嫌悪をみるものは、迷妄をみ、迷妄をみるものは、母胎をみ、母胎をみるものは、生まれをみ、生まれをみるものは、死をみ、死をみるものは、地獄をみ、地獄をみるものは、畜生をみ、畜生をみるものは、苦をみる。

それゆえ賢者は怒りを滅すべきである。高慢を滅すべきである。偽りを滅すべきである。貪りを滅すべきである。妄執を滅すべきである。嫌悪を滅すべきである。迷妄を滅すべきである。母胎を滅すべきである。生まれを滅すべきである。死を滅すべきである。地獄を滅すべきである。畜生を滅すべきである。苦を滅すべきである。これが賢者の知見である。

（ジャイナ聖典『アーヤーランガ』一編三章四節　渡辺研二訳）

前半部分には、「怒り↓高慢↓偽り↓貪り↓妄執↓嫌悪↓迷妄↓母胎↓生まれ↓死↓地獄↓畜生↓苦」という因果の連鎖が説かれ、煩悩が原因となって来世の苦しみが生まれるという。これは、仏教における縁起の順観にあたる。一方、後半ではこれら諸要素を「滅すべき」と説かれるだけで、仏教における縁起の逆観のように「AがなければBがない、BがなければCがない」というような因果の連鎖までは説かれていない。

また、煩悩・業・苦の三者の関係については、ジャイナ教の古層聖典において次のように説かれる。

貪欲《とんよく》と瞋恚《しんに》とは業の種子であり、業は愚痴より生ずる、と人々は言う。業は生死の根本であり、生死を苦であると人々は言う。
苦は愚痴のないところに破壊される。愚痴は渇愛のないところに破壊される。渇愛は貪欲のないところに破壊される。貪欲は所得〔引用者注：所有物のあること〕のないところに破壊される。

（ジャイナ聖典『ウッタラジャーヤー』三二章七—八偈、長崎法潤訳）

前半において「貪瞋痴→業→生死（苦）」と説かれており、この関係は初期仏典においても同様に見られることは先に述べた。後半では「無所得→無貪→無渇愛→無痴→無苦」の関係に基づき、煩悩を滅することによって苦の滅があり、さらにその煩悩を滅するためには無所得が必要であるとされる。ここで注意すべきは、苦が生じる過程では煩悩と業の関係は明示されているが、苦を滅する過程では煩悩と業の関係が示されていない点である。仏教のように、煩悩を断じることで、過去の業までもが不活性化されるというような思想は現れていない。

また、ジャイナ教の修道論を踏まえれば、ここで煩悩の断と業の断を因果関係で結びつけないのは当然でもある。ジャイナ教においては、業は霊魂に付着する物質であると考えられ、過去につくった業物質を苦行によって破壊し、新たに業物質が付着しないように煩悩を抑え感官を抑制することで輪廻から抜け出すことができる、とされる。以上のジャイナ教の所説は、初期仏典で言及されるジャイナ教説とも合致する。

〔ニガンタ派（ジャイナ教）が、次のように主張しています。〕苦行により、諸々の古い業を破壊し、諸々の新しい業を作らなければ、未来に影響はありません。未来に影響がなければ、業が尽きます。業が尽きれば、苦が尽きます。苦が尽きれば、受が尽きます。受が尽きれば、あらゆる苦が壊滅するでしょう。

（『中部』一〇一経「デーヴァダハ経」）

一方、初期仏典においても、善業や修行によって過去の悪業を破壊するという記述が確認されるが、無始以来の過去から現世に至るまで積み上げてきた業の数は無限にあると考えられており、そのすべてを個別に破壊していくという思想は現れない。したがって、縁起の逆観のなかで、煩悩（とりわけ、無知）の断と業の断を関係づけたことが仏教の独自性であると評価できるだろう。

†ブッダの縁起説

以上をまとめれば次のようになる。

業報輪廻の苦しみを終わらせるために、インドの諸宗教はそれぞれ独自の思索を重ねた。

そのなかでブッダは、原因と結果の連鎖によって個体存在が過去から未来へと輪廻していること、そして輪廻が起こる根本原因が煩悩であることを突き止めた。そして、業が来世を生み出すには、煩悩という促進剤が必要であること――裏を返せば、すべての煩悩を断じれば、これまで積み上げてきた業もすべて不活性化することを看取した。

この構造をまとめたものが縁起である。輪廻の苦しみが起こる原因を順々に辿り、無知（無明）がその根源にあること、そして悟りの知恵を起こして無知を滅せば、業（意思的作用）も滅し、輪廻は終極へと向かう。これをブッダは悟ったのである。

このように、輪廻の苦しみを終わらせるためには、無知（無明）をはじめとする煩悩を断じなければならないとの主張は、他宗教には見られない。つまり、縁起の逆観こそが、インド史上におけるブッダの創見であると評価できる。

終章　ブッダという男

およそ二五〇〇年前、インドとネパールの国境付近にあるルンビニの地に、ゴータマ・シッダッタ（S. ガウタマ・シッダールタ）は生まれた。彼は武士階級の出身であり、若くして世を厭い出家した。当時のインドでは、司祭階級が支配する伝統的なバラモン教に対抗する沙門と呼ばれる自由思想家たちが闊歩《かっぽ》していた。彼もその一人として道を求めて修行し、三五歳で悟りを得て、ブッダと呼ばれるようになった。このブッダという男は、それまでのインドを否定し、新たな宇宙を提示した先駆者であった。

当時の宗教家・思想家たちの最大の課題は、どのように輪廻という苦しみを終極させるのかであった。バラモン教では、輪廻する主体として自己原理（アートマン）があると主張し、瞑想を通じ、それが宇宙原理（ブラフマン）と同一であると覚知することにより、死後にブラフマンの世界に再生し、そこで不死が得られると解した。

写真3　ブッダが悟りを開いた地、ブッダガヤ

そして沙門宗教の一つであるジャイナ教では、輪廻の主体である霊魂（ジーヴァ）に付着した古い業物質を苦行によって破壊し、煩悩を抑えて行動を慎み新たな業物質を霊魂に付着させないようにすることで、霊魂は本来の力を取り戻し、解脱して輪廻を終極させられると説いた。また、それ以外にも、非想非非想処や無所有処といった瞑想こそが解脱の境地であると説く沙門や、輪廻などもそもそも存在しないという唯物論者なども現れた。

ブッダは、現象世界を分析し、それがどのように成り立っているのかを明らかにした。バラモン教が不死の領域であると主張するブラフマンの世界や、一部の沙門たちが解脱の境地であると主張する非想非非想処や無所有処といった瞑想の境地を得ても、依然として輪廻世界の枠内に留まることを指摘したのである。

ブッダは、個体存在を分析しそれが五要素（五蘊）から成り立つこと、しかもその要素すべてが無常であり苦であるから、バラモン教やジャイナ教が想定するような恒常不変の自己原理など存在しないことを主張した。これが無我説である。その無我なる個体存在は、原因と結果の連鎖によって過去から未来に生死輪廻し続けているのであり、この連鎖が続く根本的原因は無知である。したがって、悟りの知恵によって無知を打ち払い、すべての煩悩を断てば、輪廻も終極する。ブッダは、輪廻を引き起こす主要因が業であることを認めながらも、煩悩こそが業を活性化させる燃料になっていることを突き止めた。

すなわち、瞑想を通して個体存在や現象世界を観察し、一切皆苦（現象世界のすべては苦しみである）、諸行無常（現象世界を構成する諸要素は因果関係をもって変化し続ける）、諸法無我（一切の存在のうち恒常不変なる自己原理に相当するものはない）と認識することこそが悟りの知恵であり、これによって煩悩が断たれて輪廻が終極するのである。

現代人からしてみれば、「無我や縁起の教えを学んだだけで悟りが得られ、煩悩が断じられる」というのは現実感がないだろう。まして、初期仏典に現れるブッダは、業報輪廻の公理を全面的に受け入れ、しかも現象世界の一切を知り尽くした超人として描かれており、現代人からすれば神話的な印象を受けずにはいられない。しかし、だからといって、脱神話化を通して、「不可知論者であった」とか、「平和主義者であった」というような現代人ブッダを構想してしまうことは、今ここに〝新たな神話〟を創造することに他ならない。それには、解釈としての価値はあるかもしれないが、ブッダの歴史的意義を不明瞭なものにしてしまう恐れがある。

二五〇〇年前のインドにおいては、無我も縁起も、それまでの価値観を根底から覆す革命的な発見であった。ブッダの教えを学び終えた者は、宇宙の真理を知り得たことに喜び震えたであろう。初期仏典に残されている、悟りを得た修行者たちの感興の言葉に耳を傾ければ、これは明白である。

浄心によって出家して、家なき状態になっても、私は、利得と尊敬を〔得ようと〕熱心で、〔それを求めて〕あちこちを歩き回りました。
私は、最高の目的を放棄し、低俗な目的に馴染んでしまいました。諸々の煩悩に屈して、修行者たる目的に目覚めていませんでした。
小さな僧坊に坐していたとき、その私に恐れが生じました。「私は、邪な道を進んでいた。渇愛の支配下にある」と。

私の寿命はわずかなものである。老いと病が〔私を〕踏みつける。この身体が破壊される前に、私には放逸になっている時間はない。

〔身心を構成する五〕要素（五蘊）が生滅するのを、ありのままに観察するや、心が解脱し、〔私は〕立ち上がりました。ブッダの教えは成し遂げられました。

（ミッタカーリー尼の言葉『長老尼偈』九二―九六偈）

参考文献——より深く学ぶために

本書を執筆するにあたり、本論において書ききれなかった参考文献や研究背景を以下に紹介する。

第1章　ブッダとは何者だったのか

初期仏典（経・律・論）からブッダの生涯についてほとんど何も知り得ないことについては、増谷文雄『アーガマ資料による　仏伝の研究』（在家仏教協会、一九六二）を参照。そのうえで中村元は、散文より成立が古いとされる韻文の経典（『スッタニパータ』や『ダンマパダ』）を材料にして「歴史のブッダ」の再構築を目指した。この中村元による研究の成果は、春秋社より『原始仏教』全八巻（選集決定版一一巻から一八巻まで）として出版されている。

本書は上座部仏教に伝わる三蔵のなかでも成立の古いものを「初期仏典」と定めている。

近年発見が相次いでいる古い写本断片（とりわけガンダーラ写本）を含めて仏教の古形を探る重要性が叫ばれることもあるが（馬場紀寿など）、本論でも述べたように、上座部に伝わる三蔵が内容的に古形を示す。確かに仏教の多様性を考察するうえでこれらガンダーラ写本の発見は重要であるものの、仏教思想の源流解明を大きく前進させるものではない。キリスト教研究において、写本が古いからといって、グノーシス主義文書や新約外典文書を通して史的イエスを検討しても無益だったことが思い起こされよう（チャールズワース『これだけは知っておきたい 史的イエス』教文館、二〇一二：三章）。

また、仏教をより深く学ぶための次の一書となりうる参考書をあげておきたい。開祖ブッダの生涯を概説したものとしては、中村元『ブッダ伝——生涯と思想』（角川ソフィア文庫、二〇一五）が文意も平明であり広く親しまれているが、「神話的な装飾や重複を取り払って」と述べられている通り、中村元からして非現実的と判断された部分が切り捨てられ、現代人にとって耳あたりの良い「歴史のブッダ」が語られるという点は留意されるべきである。吹田隆道『ブッダとは誰か』（春秋社、二〇一三）は、ブッダの生涯と教えを簡潔にまとめた好著と言える。

初期仏典の翻訳については、片山一良《かたやまいちろう》による『パーリ仏典』（大蔵出版）のシリーズが白眉であり、上座部の注釈家ブッダゴーサ（五世紀）による釈義を参照している点からも学術的な意義は計り知れない。より一般向けとしては、中村元『原始仏典』（ちくま学芸文庫、二〇一一）が、主要経典の和訳を収録している。

そして、初期仏典に説かれる教理を概説したものとして、水野弘元『仏教要語の基礎知識』（新版：春秋社、二〇〇六）が古くから親しまれてきたが、初学者がこれを読むのは骨が折れるだろう。馬場紀寿『初期仏教――ブッダの思想をたどる』（岩波新書、二〇一八）も、ポスト中村元の仏教概説書として名高いが、やはり初学者向きであるとは思えない。もっとも、初期仏典に説かれる教えは、それだけ分析的でスコラ学的色彩を帯びており、これを容易に説明することは非常に難しい。その点、個別的な論点を対話形式で解明する佐々木閑・宮崎哲弥『ごまかさない仏教――仏・法・僧から問い直す』（新潮選書、二〇一七）は読みやすく、ブッダの教えを学ぶための入門書として適しているであろう。

仏教史としては、宮元啓一『わかる仏教史』（角川ソフィア文庫、二〇一七）が入門書として分量的にも手に取りやすい。仏教史学会編『仏教史研究ハンドブック』（法蔵館、二〇一七）も概論として適している。平川彰『インド仏教史』上下巻（新装版：春秋社、二〇一一）が、仏教学を学ぶ学生必携の書として親しまれてきている。

第2章　初期仏典をどう読むか

初期仏典（上座部に伝わるパーリ三蔵）の資料論については、拙著『上座部仏教における聖典論の研究』（大蔵出版、二〇二一）を参照。漢訳やチベット訳として残されている仏典も含めた成立については、宮崎展昌『大蔵経の歴史――成り立ちと伝承』（方丈堂出版、二〇一九）が、過不足なく簡潔にまとまっている。

また、テキストを批判的に、しかも先入観なく読むことの困難さは、仏教に限られるものではない。神学者ルドルフ・カール・ブルトマンが一九五七年に発表した「無前提的釈義は可能か」（『ブルトマン著作集』一三巻、新教出版社、一九八四）と、ユダヤ思想学者モッシェ・ハルバータルの『書物の民――ユダヤ教における正典・意味・権威』（教文館、二〇一五）は示唆に富む。

我々がテキストの矛盾箇所や問題箇所を読む際に、ついつい善意的に解釈してしまう現象（the principle of charity）については、ウィラード・ヴァン・オーマン・クワイン『ことばと対象』（勁草書房、一九八四）や、ロナルド・ドゥウォーキン『法の帝国』（未來社、一九九五）に詳しい。

先入観や善意解釈で仏典を読んでしまう例として「天上天下唯我独尊」の誕生偈を挙げた。この誕生偈を、「この世で自分こそが尊い」ではなく、「すべてが尊い」の意味で読もうとする動きは、仏教学者の個人レベル（たとえば中村元）だけでなく、浄土宗や真宗大谷派、浄土真宗本願寺派などの伝統教団の出版物にも確認され、すでに日本仏教界では〝公式見解〟に近い扱いを受けている。この誕生偈の解釈史については、西義人《にしよしんど》「近代における「天上天下唯我独尊」の説示」（『日本仏教学会年報』八四号、二〇一八）が詳しい。

そして、伝統的解釈が放棄された理由には、もはやブッダの絶対性や超越性が信じられないという緊迫した時代背景がある。ブッダが空を飛んだなどといった記述もさることながら、はるか古代の常識と現代の常識とが違いすぎていて、我々が仏典に記された記述を字義のままに全面的に受け入れることは不可能に近い。この状況はキリスト教においても同様である。二〇〇七年に海外のネットフォーラム上で「How many people did God kill in the Bible?」という投稿が話題になった。曰く、聖書のなかで、悪魔は一〇人しか殺していないが、神は二〇〇万人以上も虐殺しているのだから、神と悪魔のどちらが非人道的だろうか、というのである。こういった疑義が話題になること自体、聖書の権威が失墜したことで、「神＝善」というアウグスティヌス以来のキリスト教価値観がもはや通じなくなっていることを意味している。同様に、神が理不尽に義人をいたぶる『ヨブ記』も、現代人の多くにとっては意味を喪失している。

ブッダという男の歴史的文脈を描き出そうとするならば、以上のような先入観や善意解釈を排除したうえでテキストを読まなければならないが、具体的にどの仏典を読むべきかも争点になっている。中村元や荒牧典俊、並川孝儀、中谷英明といった学者は、散文より成立の古い韻文を中心に研究を進めた。これに対して、櫻部建やドゥ・ヨング、松本史朗、馬場紀寿らは、散文経典は仏教の主伝統を引き継ぐものであるが、韻文経典は仏教以前・非仏教的・仏教的の三種の要素が併存するという立場をとる。本書は後者の立場をとっている。韻文・散文の資料論については、拙著『上座部仏教における聖典論の研究』（前掲）の第二章「韻文経典と小部」を参照。

第3章　ブッダは平和論者だったのか

現代において、ブッダの教えを人命尊重や平和主義の法源にする向きは強い。この立場の代表的研究に、Lambert Schmithausen "Aspects of the Buddhist Attitude towards War," *Violence Denied*, Leiden: Brill, 1999, 中村元『慈悲』（講談社学術文庫、二〇一〇）、正木晃『宗教はなぜ人を殺すのか――平和・救済・慈悲・戦争の原理』（さくら舎、二〇一八）、馬場紀寿『仏教の正統と異端――パーリ・コスモポリスの成立』（東京大学出版会、二〇二二）などがある。

しかしながら、このような無批判な憧憬が成り立たないことは、本論において述べた通りである。インドの倫理観は、業と輪廻の公理のうえに成り立っており、現代的な価値観からすれば、人の命は驚くほど軽い。ブッダの慈悲や倫理観を、現代的な水準まで引き上げて読み解くべきではない。殺人鬼アングリマーラの伝統的理解や、仏教の業論については、拙著『阿毘達磨仏教における業論の研究』（大蔵出版、二〇一七）を参照。

上座部において慈悲の殺人が成り立たないことについては、Rupert Gethin "Can Killing a Living Being Ever Be an Act of Compassion, The analysis of the act of killing in the Abhidhamma and Pali Commentaries," *Journal of Buddhist Ethics*, Vol. 11, 2004を参照。

仏教がどのように殺生や戦争を容認してきたのかに関する研究として、川島耕司「仏教と暴力の容認――慈悲と護法に注目して」（『国士舘大学政治研究』一三巻、二〇二二）と、杉木恒彦「戦士の宗教――インド仏教の戦争論の俯瞰からの試論」（『越境する宗教史』上巻、リトン、二〇二〇）がある。ただし、杉木の研究には、仏教の業論について誤解がある。杉木は悪業と善業が相殺不可能という立場から議論を進めているが、初期仏典から後代の教理解釈に至るまで、基本的に悪業と善業は相殺可能なものと理解されており、不可逆的に報いが定まっていて回避できない業は、五無間罪（母を殺すこと、父を殺すこと、悟った人を殺すこと、僧の和合を破ること、仏身から血を出させること）などごく一部である。すなわち、「悪業を犯しても、その後に善業を積めば、その悪業の報いを帳消しにできる」というのが仏教における基本原則である。ゆえに、王が戦争を起こしても、その後、僧団に寄進するなどの善業を積めば、戦争での大量殺人の悪業は帳消しにできる、というのが仏教の理解である。

　ところで、説一切有部という部派では、仏教の在家信者は不殺生などの戒を守ると誓う必要がある。そのため、石田《いしだ》一裕《かずひろ》「経量部とガンダーラ有部の関係——不律儀の考察を通して」（『仏教文化学会紀要』二一号、二〇一二）は、殺生を生業とする狩人や王族など（専門用語で「不律儀者」）は、受戒（専門用語で「優婆《うば》塞律儀《そくりつぎ》」）することができないという見解を示す。また、加納和雄、Jowita Kramer、横山剛、田《た》中裕成《なかひろのり》、Sebastian Nehrdich、中山慧輝《なかやまけいき》、小南薫の共同研究においても、「仏教を保護し不殺生戒を保つ王族は戦争を行うことができない」との見解が示されている（「律儀獲得の範囲と動機——倶舎論安慧疏・業品第36偈ab句の梵文和訳」『対法雑誌』三号、二〇二二)。しかし、この両見解は誤りである。戒を破っても、戒は失われない。つまり、王族が在俗信者になれば、受戒の効力を維持したまま、戦争を行うことが可能である。これについては、拙著『阿毘達磨仏教における業論の研究』の第二部四章「不律儀の構造」を参照。

第4章　ブッダは業と輪廻を否定したのか

初期仏典から後代の論書に至るまでの業と輪廻については、拙著『阿毘達磨仏教における業論の研究』に詳しい。

ブッダ輪廻否定論は、和辻哲郎『原始仏教の実践哲学』(岩波書店、一九二七)、並川孝儀『ゴータマ・ブッダ考』(大蔵出版、二〇〇五)、同『『スッタニパータ』──仏教最古の世界』(岩波書店、二〇〇八)、小川一乗「『スッタ・ニパータ』に顕著な龍樹の仏教」(『仏教とジャイナ教──長崎法潤博士古稀記念論集』平楽寺書店、二〇〇五)において明示される。これらの諸研究を真に受けて、「ブッダは輪廻を認めていなかった可能性が高い」と述べてしまう仏教入門書すら存在する(平岡聡『〈業〉とは何か──行為と道徳の仏教思想史』筑摩選書、二〇一六)。これ以外にも、「輪廻説は仏教本来の思想ではない」という言説は後を絶たない（仔細については、新田智通「仏教における輪廻説の再検討――パーリ文献によりながら（前編）」『仏教学セミナー』一〇九号、二〇一九）。

ブッダ輪廻否定論の問題点を指摘した研究として、櫻部建「輪廻について」（『阿含の仏教』文栄堂書店、二〇〇二）がある。この他に、望月海慧《もちづきかいえ》「ブッダは輪廻思想を認めたのか」（『日本仏教学会年報』六六号、二〇〇一）、同「輪廻転生はどのように説かれるべきか」（『教化学研究』一一号、二〇二〇）、森章司「死後・輪廻はあるか――「無記」「十二縁起」「無我」の再考」（『東洋学論叢』三〇号、二〇〇五）もこの問題を種々の点から取り上げている。

また、無記と輪廻否定論を結びつける研究として、舟橋一哉《ふなばしいっさい》『業の研究』（法蔵館、一九五四）や、田中公明『性と死の密教』（春秋社、一九九七）がある。無記の意味を誤解している研究として、中村元『原始仏教の思想I』（選集決定版一五巻、春秋社、一九九三）や、三枝充悳『初期仏教の思想』（著作集二巻、法蔵館、二〇〇四）がある。また、本書第9章の「懐疑論」と、第11章も参照。

なお、無記説の「如来（完成者）は死後に存在する、しない」云々における「如来（tathāgata）」の語を、ブッダゴーサが「衆生（satta）」と注釈しているため、「（如来のみならず凡夫も含めた）衆生の死後における有無が、仏教の勝義の立場からは、無記であるということは、釈尊が勝義の立場では輪廻を積極的に肯定されなかった」（舟橋一哉『業の研究』）というような言説がたびたび繰り返されるが、これは誤りである。ここで、ブッダゴーサが「如来＝衆生」と注釈した理由は、異教徒の使った「如来」の語が輪廻主体（我＝アートマン）を意図した用法であることを示したいからである。無我を説く初期仏典において、「衆生（satta）」という語が輪廻主体を想起せしめる場合、それは誤った見解として排除される。

第5章　ブッダは階級差別を否定したのか

人権意識の高まった現代において、〝生まれ〟による差別を許容することは禁忌であるが、歴史を振り返ると、仏教は何らかの形で社会的差別を扇動してきた。我が国においても、被差別部落民への差別戒名などが明治近代化まで慣習として行われてきた。これを反省して日本の各宗では、定期的に差別戒名物故者追善法要を挙行している。

このような背景もあり、歴史的人物としてのブッダをも人間平等主義者と評価する向きが強いが、これが近現代的なイデオロギーに迎合した結果であることは本論において述べた通りである。

本論において取り上げ切れなかった研究として、藤田宏達《ふじたこうたつ》「原始仏教における四姓平等論」（『印度学仏教学研究』三巻、一九五三）が有益である。また、奴隷（ダーサ）と隷民（シュードラ）の違いについては、片山一良「古代セイロンにおけるサンガとダーサ」（『パーリ仏教文化研究』山喜房仏書林、一九八二）を参照。

また、ヴェーダ聖典新層（ウパニシャッド）において、人間平等論と評価できる記述のあることは、中村元『原始仏教の社会思想』（選集決定版一八巻、春秋社、一九九三）を参照。中村元は、ブッダの人間平等論について「秘教的な扱いから公開教的な扱いに転じた」と評価するが、これは善意解釈が過ぎるだろう。本論において見てきたように、仏教における平等とは聖の側に限るものであるから、俗の側に公開したとは考えがたい。また、ジャイナ教の平等思想との比較については、山崎守一『沙門ブッダの成立——原始仏教とジャイナ教の間』（大蔵出版、二〇一〇）、同『古代インド沙門の研究——最古層韻文文献の読解』（大蔵出版、二〇一八）を参照。

カースト制度撤廃に尽力したビームラーオ・アンベードカルについては、山崎元一『インド社会と新仏教——アンベードカルの人と思想』（刀水書房、一九七九）、山際素男『不可触民と現代インド』（光文社新書、二〇〇三）を参照。

第6章　ブッダは男女平等を主張したのか

男女差別もまた現代において重大な問題と認識されている。とはいえ、女性参政権の認められた選挙が行われたのは二〇世紀に入ってからであることからも明らかなように、男女平等という概念そのものが近代的な所産である。ゆえに、初期仏典から後代の大乗経典に至るまで、そこには女性を蔑視する表現が大量に含まれている。

本論でも取り上げたが、『法華経』と日蓮に対する信仰心がある植木雅俊は、ブッダのみならず、『法華経』と日蓮の教えには男女平等主義が貫かれていると主張する一方で、信仰の対象ではない『阿弥陀経』に対しては、そこに女性差別の記述があると糾弾する（『日蓮の女性観』法蔵館文庫、二〇二三、および『仏教のなかの男女観――原始仏教から法華経に至るジェンダー平等の思想』岩波書店、二〇〇四を参照）。

一方、浄土宗の僧である福原隆善は、『法華経』に男女差別の記述（変成男子：男になってからでないと成仏できない）が残されているという見方を提示しつつ、法然によって「男女老若等のあらゆる世間的相対の立場をこえて平等往生が示され」たと主張している。さらに、福原は、女性の往生に関わる経文について、法然が「女人往生の願」と述べたのに、親鸞が「変成男子（転女成男）の願」と述べたことを対比させ、暗に親鸞に女性蔑視の価値観があったことを仄めかしている（『新纂浄土宗大辞典』の「女人往生」の段）。

これに対し、浄土真宗本願寺派の寺に生まれ、僧でもある源淳子は、親鸞が「変成男子の願」と述べた真相について、「特別に女性だから邪悪なものであるとか、一度男に生まれ変らなければ成仏できないとかいう見方ではなく、そういった差別のある状況の中で、その差別を超えたところに生まれた人間把捉に於ける女性観こそ、まさに親鸞の女性観の本質といえる」と難解な結論を出し、親鸞は男女差別を克服しようとしていたという（「親鸞の女性観」『印度学仏教学研究』二五巻一号、一九七六）。

ここから、自らの信仰対象や所属先について、それが女性差別など現代的な倫理観に反するものであると認めることは非常に困難であることがわかる。これらの研究をすべて是とするなら、ブッダはもちろん、法然も、親鸞も、日蓮も（そして、おそらく道元や栄西も）ジェンダー平等の思想の持ち主だったということに陥ってしまい、それはどう考えても願望であって歴史的事実とは認めがたい。ブッダも、開祖たちも、皆が皆、ジェンダー平等主義者だったのに、（匿名の）弟子たちが教えを歪めて女性蔑視が始まったなどということはあり得ない。

第7章　ブッダという男をどう見るか

ブッダを理性的現代人と評価する研究は後を絶たないが、これと同じ現象がイエス研究においても確認される。史的イエスを探求する試みを検討することは、史的ブッダ研究の方法論を問ううえでも役に立つ。

たとえば、仏典から神話的・空想的記述を削除して史的ブッダを探求しようとする動きは、一七世紀から一八世紀のイギリス理神論者（たとえばトマス・ウールストン）による史的イエス探究と重なって興味深い。彼ら理神論者たちは、神話的装飾の少ない『ヨハネ福音書』を好んだ。そして、福音書を批判的に読み、奇蹟を否定し、水上を歩いたように見えて実は浅瀬の上であった、イエスは死人を甦らせたのではなく仮死状態から目覚めさせたのであり、イエスの復活は幻を見たにすぎない、というように合理的に説明した（さすがに現代の仏教学者のなかで、たとえ韻文資料だけを選り好みして神話的記述を取り除くことはあっても、ここまで無味乾燥な解釈をほどこす例は少ない）。

また、イエスを現代人として描いてしまうことへの反論もある。イエスを階級否定論者と見るクロッサンの理解に対して反論があることが、彼自身の書のなかに述べられている(『イエス——あるユダヤ人貧農の革命的生涯』新教出版社、一九九八)。また、絹川久子による、聖書をフェミニズムの根拠にする理解に対する反論は、荒井献『聖書のなかの女性たち』(著作集八巻、岩波書店、二〇〇一)を参照。

本論では取り上げられなかったが、近年においては、LGBT問題の解決を聖書や仏典のなかに求めようとする動きが活発化している。だが、はるか古代に成立したテキストが現代的価値観の正統性を積極的に裏づけることは少ない。聖書においては、同性愛が明確に禁じられているため、LGBTを容認するためには大胆な解釈が求められ、その是非をめぐって諸教会が分裂状態にある。仏教はキリスト教よりも同性愛に寛大であるが、それでもブッダがLGBTを積極的に容認していたとは想定しがたい。同性愛であれ異性愛であれ、そもそも性愛やそれを求めることは煩悩の一つであり、悟りを得るにあたり捨断されるべきものである。

第8章　仏教誕生の思想背景

インドの歴史については、中村元『インド史Ⅰ』『インド史Ⅱ』(選集決定版五・六巻、一九九七）を参照。ヴェーダ聖典を奉じるバラモン教の概論については、辻直四郎『インド文明の曙――ヴェーダとウパニシャッド』（岩波新書、一九六七）、中村元『ヴェーダの思想』（選集決定版八巻、一九八九）、同『ウパニシャッドの思想』（選集決定版九巻、一九九〇）を参照。また、バラモン教における生天や解脱の思想形成については、阪本（後藤）純子『生命エネルギー循環の思想――「輪廻と業」理論の起源と形成』（龍谷大学現代インド研究センター、二〇一五）が白眉である。

また、インド諸思想の概論として、村上真完『インド哲学概論』（平楽寺書店、一九九一）、宮元啓一『インド哲学七つの難問』（講談社選書メチエ、二〇〇二）、赤松明彦『インド哲学10講』（岩波新書、二〇一八）がある。

仏教と同時期に生まれたと考えられるジャイナ教については、中村元『思想の自由とジャイナ教』（選集決定版一〇巻、春秋社、一九九一）、渡辺研二『ジャイナ教　非所有・非暴力・非殺生――その教義と実生活』（論創社、二〇〇五）を参照。

同じ沙門宗教である仏教とジャイナ教の比較研究としては、前掲の山崎守一『沙門ブッダの成立』、同『古代インド沙門の研究』がある。

初期仏典に現れる六師外道については、中村元『思想の自由とジャイナ教』（前掲）に詳しい。インド唯物論については、生井《なまい》智紹《ちしょう》『輪廻の論証――仏教論理学による唯物論批判』（東方出版、一九九六）に詳しい。

インドにおける沙門の伝統は、仏教とジャイナ教を除いて滅びてしまっており、それ以外の思想家たちの聖典はすべて散逸してしまっている。そのため、彼らの実態は、バラモン教や仏教などの文献に言及される箇所から、わずかに知れるのみである。ただし、懐疑主義者に連なるジャヤラーシ・バッタ（八世紀）の『真理を侵犯せる獅子』だけは例外的に現代まで残っている。Eli Franco, *Perception Knowledge and Disbelief*, Delhi: Motilal Banarsidass, 1994を参照。

とりわけ六師外道のうち、サンジャヤの懐疑論とブッダの無記（沈黙）の類似性を指摘する研究が多いが、本論においても述べたように、これは誤解であろう。第2章の「無記と輪廻」で取り上げた中村元や三枝充悳、田中公明、そして本書第11章「無我の発見」で取り上げた榎本文雄、桂紹隆もこれを誤解している。無記の問いに対し、仏教側が回答している経文のあることは、茨田《まんだ》通俊《みちとし》「対外道における初期仏教の思想的見地」（『真宗教学研究』二〇号、二〇〇一）を参照。

第10章　ブッダの宇宙

仏教やインド諸宗教の宇宙観については、定方晟《さだかたあきら》『インド宇宙論大全』（春秋社、二〇一二）を参照。荒川紘《あらかわひろし》『東と西の宇宙観』全二巻（紀伊國屋書店、二〇〇五）は、東西の諸思想における宇宙論を概説している。

人類の起源に関する普遍史は、『長部』二七経「世起経」に比較的詳しく説かれている。一方、宇宙の構造については、パーリ語で残されている初期仏典には、地上のはるか上空に諸天が住む天界があり、そして地下には地獄があると簡潔に説かれている程度である。兜率天や無間地獄といった名称は出てくるものの、それが具体的にどこにありどのような広さなのかなどについては無言である。ところが、漢訳に残る並行資料の『長阿含』五経「世起経」には、天界の地理的情報などが詳細に記されている。このような詳細な宇宙のイメージが、ブッダにまで遡れるかは明らかでない。したがって本書では、汎仏教的に確認できる記述のみをブッダの宇宙観として扱った。漢訳「世起経」については、『現代語訳「阿含経典」――長阿含』六巻（平河出版社、二〇〇五）に詳しい。

第11章　無我の発見

無我は仏教の根幹をなす思想であるため、古くから研究が積み重ねあげられているが、それだけに異説も多い。

本論において述べたように、中村元が、無我の定説に疑義を提示し、当初の仏教においては「真の自己」の存在を認めていたと主張した（『原始仏教の思想Ⅰ』前掲）。この賛同者は多く、概説書においてもたびたび、当初の仏教において無我は説かれていなかったと主張される（水野弘元『仏教要語の基礎知識』や宮元啓一『インド哲学七つの難問』）。

また近年、榎本文雄や桂紹隆が、ブッダは経験的自己を否定したが、見聞覚知され得ない超越的自己の有無については沈黙（無記）の立場をとったと主張している。桂紹隆「インド仏教思想史における大乗仏教――無と有との対論」（『大乗仏教とは何か』シリーズ大乗仏教一巻、春秋社、二〇一一）、同「仏教の二つの流れ――自我と無我」（『真宗文化』二一号、二〇一二）、榎本文雄「初期仏教の思想」（『仏教事典』丸善出版、二〇二一）を参照。

しかし、本論において述べたように、この両説は成り立たない。「仏教の精神に反してブッダの教えに自己の概念を導入しようとする学者たちがいるのは、不可解なことである」という、ワールポラ・ラーフラの言葉の通りである（『ブッダが説いたこと』岩波文庫、二〇一六）。以上の無我をめぐる諸研究の仔細は、拙稿（清水俊史）「無我と非我――パーリ初期経典における」（『仏教文化研究』六三号、二〇一九）を参照。また、インド哲学一般における自己原理については、赤松明彦「インド哲学における自我の探求と仏教の無我論」（『仏教とは何か――宗教哲学からの問いかけ』昭和堂、二〇一〇）も参照。

第12章　縁起の発見

無我と同様に、縁起も仏教思想の根幹をなす教えであるとの評価から、非常に多くの研究が発表されており、また論争も多い。一九二〇年頃から一九三〇年頃までには、木村泰賢、宇井伯寿、赤沼智善、和辻哲郎という四名の学者が、縁起は輪廻を前提とするか否かをめぐり舌戦を交わした。また、一九七八年から一九八〇年にかけて、三枝充悳、宮地廓《みやじかく》慧《え》、舟橋一哉という三名の学者が、縁起は無常の論拠となるかなど議論を交わした。以上の仔細については、宮崎哲弥『仏教論争――「縁起」から本質を問う』（ちくま新書、二〇一八）に詳しい。この二つの議論は決着がつかないまま終わってしまい、学界全体のコンセンサスを得るまでには至っていないが、三枝充悳の研究成果が最も包括的であり、今日において強い影響を残している。

三枝充悳の縁起研究で重要なものは、初期仏典に現れる縁起の用例を列挙した『初期仏教の思想』（前掲）と、それをもとにした思想研究の『縁起の思想』（著作集四巻、法蔵館、二〇〇五）の二つである。ただし、三枝充悳が語気を強めて主張する、「釈尊＝ゴータマ・ブッダは菩提樹下において十二支縁起（十二因縁）の理法をさとった、というような文は、たといそれに『ウダーナ』一の一〜三という資料が添えられていたとしても、仏教学者―仏教学研究者のあいだからは払拭されなければならぬ」という立場は、さすがに言い過ぎであろう。

本論において検討したように、ブッダが悟を得る以前に十二支縁起を観察し、その結果、知恵が生まれたという初期仏典は確かに存在する（他に、『相応部』一二章四―九経も参照）。そして、二世紀から三世紀ごろに編纂された説一切有部の綱要書『大毘婆沙論《だいびばしやろん》』二三巻・二四巻においても、十二支縁起を観察して悟りを得てブッダとなったという解釈が存在する。したがって、十二支縁起がブッダの悟りの内容（少なくともその一面）であったと理解するほうが妥当だろう。ブッダにより近しかった古代の仏教者たちの理解を跳ねのけてまで、ブッダの悟りから十二支縁起を外す合理的理由は存在しないように思われる。

ジャイナ教における縁起・業については、松濤誠廉「ジャイナ資料より見たる無我と十二因縁」(『仏教思想史論集』大蔵出版、一九六四)、長崎法潤「ジャイナ教の解脱論」(『仏教思想8 解脱』平楽寺書店、一九八二)、渡辺研二『ジャイナ教 非所有・非暴力・非殺生――その教義と実生活』(前掲)を参照。

あとがき

ここ一年半ほど、上田鉄也氏（元大蔵出版編集長）と、定期的に紀伊國屋書店新宿本店三階にある仏教書コーナーで待ち合わせ昼食をともにしている。本書の構想は、そのときに交わされた仏教談義が基になっている。上田氏が昨今のブッダ研究や初期仏教研究の動向について口にした、「人々から信じられてきたブッダの姿こそが、人類に大きな影響を与えてきたという点で、史的ブッダよりも重要ではないでしょうか」という言葉は、本書を貫く通奏低音になっている。いつも深い洞察を与えてくださる上田氏に格別の感謝を申し上げたい。

本書は初学者向けに執筆されているが、通り一遍の入門書・一般書とならぬよう心掛け、専門家にも新知見がもたらされるよう企図した。これまでのブッダ研究が共通して掲げてきた「仏典から神話的装飾を取り除いて歴史を抽出する」という研究手法の限界について私見を提示し、二五〇〇年前に生きたブッダという男の先駆性を、バラモン教やジャイナ教と比較することで、歴史的文脈のなかに位置づけようと試みた。また、教理的観点からは、ブッダの沈黙（無記）や無我を中心に、従来の通説・定説に対して疑義を提示した。これらの試みが妥当なものであったか否かは、読者諸賢の判断に委ねたい。本書が今後のブッダ研究もしくは初期仏教研究に一石を投じることを願う。

さて、奇妙な縁から本書の出版は叶った。当事者から経緯を説明しておきたい。拙著『上座部仏教における聖典論の研究』（大蔵出版、二〇二一）は、馬場紀寿氏（東京大学教授）を批判する内容を含んでいたため、刊行準備中、馬場氏より版元に出版妨害がなされるなど盤外戦術が繰り広げられた。これと前後し、私も、馬場氏の恩師にあたる森祖道氏（当時、日本印度学仏教学会理事）から学会中に一対一で話がしたいと呼び出され、大学教職に就きたければ出版を諦めろと警告された。この席の途中、腹を合わせたように馬場氏が現れ、森氏と二人で私にさまざまな圧力をかけてきた。

このような背景から、刊行に際し版元は声明文を出さざるを得ず、結果、大きな反響があった。馬場氏の指導教官だった下田正弘氏（当時、東京大学教授）から版元に電話があり、私をめぐる馬場氏の過剰行動をよくご存知であったという。

また、ある全国紙から取材があった。当時の私は憔悴しており回復するまで待ってほしい旨、そこでまず相手側に取材していただくよう記者の方にお願いしたが、馬場氏からも森氏からもこの取材依頼に対する返答はなかったという。本件をよくご存知で中立であるはずの下田氏からも、取材依頼に対しての返答はなかったという。その頃の私は任期付きの研究職にすぎず、立場の弱い者は見殺しにされる現実に打ちひしがれ、筆を折った。

この事情を経て、私が再び研究の活力を得るには、有縁無縁の後押しがあった。大竹晋氏（宗教評論家）により拙著への書評が発表されたことや（『週刊仏教タイムス』二〇二一年一二月九日付）、佐々木閑氏（花園大学特別教授）により馬場氏との論争が取り上げられたことは（『禅学研究』一〇〇号）、大きな刺激となった。この騒動に端を発し、私の第一作である『阿毘達磨仏教における業論の研究』（大蔵出版、二〇一七）にまで関心を持つ読者が現れたことも、大きな希望となった。私が再び筆を執ろうとしたとき、単著三冊目となる『初期仏典の解釈学――パーリ三蔵と上座部註釈家たち』の刊行を大蔵出版に快諾していただけたことは、研究者として喜びに堪えない。本書の出版もそのような縁から実現した。私を探し出して声をかけてくださった筑摩書房の田所健太郎氏には、衷心より感謝を申し上げたい。本書がそのご恩に報いていることを切に願う。

これまでの研究人生を振り返ると、艱難辛苦が続き、とうとう世俗の栄達には恵まれなかったが、それでも私を応援してくださる声に与ったことは、仏教者として誠に幸いである。才がありながらも十全に開花させる機会を与えられず消えていった者たちの無念さは如何ばかりであろうか。

菩提資糧に励む名もなき菩薩たちに本書を捧げたい。

二〇二三年一〇月三〇日

清水俊史

図版出典
(11ページ) 写真：アフロ／(119ページ) 写真：アフロ

本書に関するお問い合わせは左記までお願いいたします。

ちくま新書
1763

ブッダという男《おとこ》
――初期《しょき》仏典《ぶってん》を読《よ》みとく

二〇二三年一二月一〇日　第一刷発行
二〇二四年　四　月一〇日　第四刷発行

著　者　清水俊史（しみず・としふみ）
発行者　喜入冬子
発行所　株式会社　筑摩書房
東京都台東区蔵前二-五-三　郵便番号一一一-八七五五
電話番号〇三-五六八七-二六〇一（代表）
装幀者　間村俊一
印刷・製本　三松堂印刷　株式会社

ISBN978-4-480-07594-9 C0215